クリスタルボウルに魅せられて

心と体を癒すその音色と波動

鈴木真佐子
中川恵美子
共著

太陽出版

クリスタルボウルに魅せられて

心と体を癒すその音色と波動

はじめに

「クリスタルボウルを見にこない？」というメールが届いたのは、二〇〇九年一月のこと。長年の友人であり、翻訳家として、さらにはヒーラーとして活躍する鈴木真佐子からでした。

「クリスタルボウル？」

初めて耳にする言葉でした。もしかして水晶玉？　そんな疑問を抱きながら、なんの予備知識もないまま真佐子の家に向かいました。そして床の上に並べられた一〇数個のさまざまなクリスタルボウルを目にしたのです。

「もしかして、これがクリスタルボウル？」

私にとっては予想外の代物でした。と言うよりも、突然飛び込んできた未知の世界でした。唖然とする私に、真佐子がボウルをひとつ手のひらにのせて弾いてくれました。どこかで聴いたことがあるようなとてもなつかしい音色でした。

「このボウルは水晶にダイヤモンドが混合されているの。そっちはローズクォーツ。どれでもいいから弾いてみて」

おそるおそる真佐子を真似て手のひらにのせ弾いてみました。手のひらを通して体中にジンジンと振動が伝わってきます。なんとも不思議な感覚でした。でも、その感覚が徐々に私をクリスタルボウルの世界に引きずり込むことになるのです。

家に戻った私は、さっそくクリスタルボウルに関する資料を集めはじめます。真佐子からもクリスタルボウルに関する翻訳本が数冊届きました。調べていくうちにクリスタルボウルの歴史や変遷、さらには真佐子の家で出会ったクリスタルボウルが第三世代とも言われる最も新しいタイプのアルケミー・クリスタルボウル（以下、アルケミーボウル）であることもわかってきました。おまけに、すでに日本にもたくさんのアルケミーボウルファンが存在することや、その人気の秘密がその音色はもとより鮮やかな色彩や軽さに加え、水晶に混合された貴金属やジェムストーンなどのエネルギーが相乗効果を発揮し、素晴らしい癒しをもたらすということにあることもわかってきました。

でも理屈ではなんとなく理解はできたものの、スピリチュアルに関してはまったくの素人の私。真佐子が思わずつぶやいた「ボウルが家に来てからなんか幸せなの。うれしいの」という言葉さえ、その時は理解できませんでした。そして私の興味は次第にボウルそのもののパワーよりも、そんな喜びや癒しを導きだすボウルを誕生させた人物そのものに移っていきました。真佐子によると、アルケミーボウルはアメリカのクリスタルトーンズ社が開発したオリジナル商品で、二人の若者が創立した会社だとのこと。でもその他の詳しい情報は皆無で、満足させてくれる資料は何もありませんでした。「どうしても会いたい！」。その思いは次第に大きくなっていったのです。

その思いは、真佐子と真佐子の妹であり、クリスタルトーンズ社のマスターアルケミストでもある礼子・デューイの奔走により、その年の春には実現することになりました。もちろん真佐子も一緒です。快く私たちを迎えてくれたのは、クリスタルトーンズ社の共同経営者のウィリアム・ジョーンズとポール・ウッツ。はるばるコロラド州のヴェイルまで追いかけていっただけあって、予想以上に素晴らしいお話をたくさんお聞きすることができました。なかでもウィリアムとポールがクリスタルボウル製造に関わるようになったいきさつや、アルケミーボウル誕生の裏話は感激ものです。いかに彼らがボウル製造と普及に情熱を注いできたか。その思いもたっぷりと語ってくれました。もちろん、アルケミーボウルに関わる逸話も満載でした。その一部始終は第一章でたっぷりとご披露していますので、お楽しみに。

ちなみに私にとっては、この取材そのものがまさにスピリチュアル体験の入り口とも言えるものでした。ウィリアムとポールの言葉のひとつひとつを通して、それまでの私には皆無だった世界が広がっていきました。戸惑ったり、驚いたり、考え込んだり。その曖昧模糊とした作業は帰

国後の日本での取材中にも続き、やがてはそれまで凝り固まっていた思考が次第にほぐれていくにしたがって、言葉の意味そのものもゆっくりと体の中に浸透していったように思います。真佐子がつぶやいた「ボウルが家に来てからなんか幸せなの。うれしいの」という言葉や、礼子の「ボウルは生きているの。それぞれ性格も違うし、話しかけてもくるし、交流もあるのよ」という言葉が理解できるようになったのも、ボウルに接したり、多くのボウル愛好者に出会ったからこそでした。

アルケミーボウルの絶大な愛好者でもある礼子は、ドランヴァロとの逸話をまじえたヒーラーならではのクリスタルボウルの世界を私に教えてくれました。ボウル普及のため、日本をはじめ世界各地でワークショップを展開する礼子は、いわばボウルと愛好者をつなぐブリッジのようなもの。実践と経験に基づいたボウル談義は、日本のボウルファンにとっても必見と言えるでしょう。

日本のクリスタルボウル奏者の第一人者でもある牧野持侑《まきのじゅん》さんは、アルケミーボウルの素晴らしさを倍音という観点から語ってくれました。心に響く音を長年にわたり探し続けてきた牧野さんにとって、ボウルは最良のパートナー。言葉の端々にボウルに対する大きな愛を感じました。

日本での初夏のコンサートに続き、一二月にも天使の歌声をボウルと共に響かせてくれたクリスタル・ニーウォルニーとブライアン・シャイダー。一二月のコンサートでは、アメリカでも話題になったアトランティスのスフィア（水晶の球体）も登場し、予想以上の盛況ぶりでした。すっかり日本がお気に入りの二人。来日するたびに日本人の波動の高さに驚かされているそうです。アルケミーボウルとスフィアのコラボコンサートの模様は本書でもご紹介しています。

さらに春に続き秋に訪れたヴェイルでは、大好きなシンガーのアシャーナにお会いすることができました。突然の取材の申し込みにも気軽に応じてくれたアシャーナ。その言葉のひとつひとつに、アシャーナならではの真摯な姿勢が反映されていました。さらに二〇〇八年に開催された日本でのコンサートの模様や日本人への思いもたっぷりと語っています。ヴェイルのボウルのワークショップでは、見事なボウル演奏も披露してくれました。もちろん、魅了されっぱなしでした。

お話が上手なシンガーの音妃《おとひめ》さんからも、ボウルにまつわるお話をたくさんお聞きしています。取材後には、ボウルとともに素敵な歌声も披露してくれました。後日参加したワークショップでは、音妃さんが主催する教室の生徒さんにもお会いし、楽しいひとときを過ごすことができました。

ボウル演奏の指導者として活動する鉅鹿《おおが》由槻子《ゆきこ》さんの夢は、クリスタルボウルをもっともっと広めること。その実現のためにも、ボウル演奏者をたくさん育てたいと熱く語ってくれました。

その他、本書にはご紹介できなかったボウル愛好者にもたくさんお会いしました。ヒーリングや鍼灸《しんきゅう》の仕事にボウルを活用している方、自宅での介護やリハビリにボウルを活用している方、地元でボウル普及のためにコンサートを展開している方、そして個人でボウルを楽しんでいらっしゃるたくさんの方々。そのそれぞれがボウルに魅せられるようになったのも、クリスタルトーンズ社のアルケミーボウルとの出会いがきっかけでした。

確かにアルケミーボウルの誕生以来、日本でもここ数年にわたって急速な勢いでボウル愛好者が増加しています。それまでは、クリスタルボウルといえばクラシックのフロステッドボウルが主流で、重いうえにセットでの購入が不可欠でした。個人で楽しむには、あまりにも負担が大きかったのも事実です。その点アルケミーボウルなら、軽量なうえに倍音を含んでいるため、ひとつでも手軽に充分楽しむことができます。ジェムストーンや貴金属などが混合されているため、なんとも言えない趣もあります。そのためでしょうか。「かわいい！」、「素敵……」という言葉をワークショップの場で何回も耳にしました。

「アルケミーボウルは呼吸もしているし、成長もするの。色も変化するんですよ。ひとつの生命体ですよね。だから愛しくてたまらないの」

これはお会いしたごくごく一般の愛好者の言葉です。弾いて楽しむだけでなく、眺めては楽しみ、会話しては楽しむ。まるで恋人や我が子に接するように、ごく自然にボウルとのコミュニケーションを楽しんでいる方が多いのも、アルケミーボウルならではの特徴です。なかにはアルケミーボウルを弾いているうちに若返ったり元気になったという方も。アルケミーボウルのパワーには、まだまだ多くの謎が隠れているようです。

弾いて
コミュニケーション。

ながめながら
会話しながら
コミュニケーション。

本書ではそんな愛好者のご要望にお応えして、基本的な弾き方から日常での楽しみ方などもご紹介しています。監修はクリスタルトーンズ社のウィリアムとポール。今回はアルケミーボウル初心者を対象に、ごくごく基本的なご紹介にとどめましたが、礼子によると、弾き方が違っていればボウルが違うよって教えてくれるそうです。まずはボウルと遊んでみてください。ボウルと接しているうちに、ボウルがかけがえのない存在になっていくでしょう。

「日本人は花を摘むようにボウルを弾くんだ。その表情がなんともいい。生き生きとした喜びにあふれている」

これはクリスタルトーンズ社のポールの言葉です。私もこの言葉をさまざまな場で実感してきました。つい先日も、ちょっとした集まりの瞑想の際にアルケミーボウルの音色が加わりました。初めてボウルを目にした人たちが、その音色に惹かれて休憩時間に集まってきました。手のひらにのせそっと弾きだしたとたんにみるみる表情が変わり、なんとも言えない笑顔になっていきます。ボウルの何がそれら笑顔をもたらすのか。その理由の一端を本書を通して少しでもみなさんにお伝えすることができたら、私のクリスタルボウル探訪も無駄ではなかったと言えるでしょう。

本書を執筆するにあたり、真佐子や礼子をはじめ、本当にたくさんの方たちにお世話になりました。ボウルの話となると、突然哲学者の顔に変身してしまうウィリアム。顔を合わせるたびにしっかりハグしてくれたポールの大きな背中も忘れられません。取材を通して、私自身も何かが少し変化したような気がします。

執筆中にも新たなボウルが次々と誕生しています。秋に訪れたヴェイルでもいくつかのニューボウルに出会うことができました。「クリスタルボウルは地球の要請に応じて誕生するんだ」というウィリアムの言葉からすると、地球の波動の急激な上昇がそれらニューボウルの誕生にも関わっているのかもしれません。

本書では、基本のアルケミーボウルを中心にご紹介していますが、二種類以上の素材を加えたアルケミー・ミックスボウルやジェムストーンにプラチナ、24Kゴールド、インジウム、鉄などを独自に配合したアドバンス・アルケミーボウルもあります。ボウルは日々進化しているのです。

ボウル選びに難しいことは何もありません。ボウルが連れていってと声をかけてくるかもしれませんし、目にしたとたんに強いつながりを感じるボウルに出会えるかもしれません。その瞬間を楽しんでください。きっとお気に入りが見つかるはずです。

二〇一〇年七月

中川恵美子

◎目次

はじめに

第1章　人気のクリスタルボウルに会いに行く

第2章　クリスタルボウルは生きている

第3章　クリスタルボウルは進化する

第4章 クリスタルボウルを楽しむ

第1章

人気のクリスタルボウルに会いに行く

ウィリアムとポールを追ってコロラドへ

クリスタルボウルがアメリカで誕生したのはほんの二五年ほど前のことでした。以来、ヒーリングツールや医療ツールのひとつとして活躍の場を広げてきました。しかもここ一〇年ほどは、従来のフロステッドと呼ばれる重量感のある乳白色のクラシックボウルに加え、第二世代のクリア・クリスタルボウルや第三世代のアルケミー・クリスタルボウルも誕生し、日本でも愛好者が急増しています。その人気の秘密はどこにあるのか。まずは誕生のルーツを探りに、ニュータイプのクリスタルボウルの生みの親であるウィリアム・ジョーンズとポール・ウッツに会いに行ってきました。

生みの親は笑顔が素敵な男たち

ニュータイプのクリスタルボウルを製造しているのは、アメリカ・ユタ州のソルトレイクに本社を持つクリスタルトーンズ社です。その共同経営者であるウィリアム・ジョーンズとポール・ウッツから「今月末はコロラド州のヴェイルにいるよ」という連絡が届いたのは、二〇〇九年四月はじめのことでした。まずは行ってみなければ始まらない。というわけで、私たちも連絡から三週間後にはデンバー空港へ向かいました。

空港から車で二時間ほどのヴェイルは、アメリカでも有数のスキーリゾート地です。ここのリゾートホテルで八日間にわたって開催されるサイ・マー・ラクシュミ・デヴィ（以下サイ・マー）のワークセッションを兼ねたリトリートで、ウィリアムとポールのクリスタルボウルのワークショップも開催されるとのことでした。サイ・マーとは、インドや欧米各国を中心に多くの信奉者を持つ聖人で、人道主義者としても知られています。日本でもサイ・マーの著書が『天恵《グレース》の花びら』（鈴木真佐子訳　太陽出版刊）として発行されています。ウィリアムとポールとは旧知の間柄で、サイ・マー自身もクリスタルボウルの愛好者。普及にも積極的です。今回のリトリートには、アメリカ人やカナダ人を中心に四〇〇人ほどが参加とのこと。日本人は初参加ということでしたが、一四人ほどにお会いすることができました。

メイン会場前のフロアには、すでにクラシックからニュータイプにいたるさまざまなクリスタルボウルがディスプレイされ、ウィリアムとポールが参加者からの質問に次々と応えていました。

初めての出会いだったにもかかわらず、声をかけたとたんにしっかりとハグされてしまった私たち。これは面白そうな話が聞けそうだなと実感しました。そう思わせてくれるほど、二人の笑顔が素敵だったからです。その後、二人は英語の苦手な日本人参加者と私たちだけのために、ワークショップを催してくれました。時間をかけたそれはそれは丁寧な内容でした。

「『クリスタルボウルがヒーリングするの？』ってよく聞かれるけど、それは違います。ボウルはあくまでも変容の道具です。癒しを可能にするのは、ボウルではなく自分自身です。ボウルはハートを開いて変容に導くだけ。ボウルの音色に思わず涙があふれたり、予想もしなかった目覚めに気づいたりしたら、それは自分自身がもたらしたものです」

これはワークショップでのウィリアムの言葉です。こうして数日間にわたる取材がスタートしました。

運命的だった二人の出会いからクリスタルトーンズ社誕生まで

一九九八年二月一四日のバレンタイデーの日。当時のポールは勤めていた証券会社のリーマン・ブラザースを退職し、転勤先だったソルトレイクで個人不動産を運用する投資会社を運営していました。しかし、仕事に対する情熱はすでになく、満たされない日々が続いていました。そんな時に、スポーツクラブのトレーナーに一枚のCDをもらいます。日本でも『クリスタルボウル・ヒーリング』（牧野持侑《まきのじゅん》訳　アルマット刊）の著者としておなじみのリーニー・ブローディーのクリスタルボウルのCDでした。同じスポーツクラブに通うウィリアムがトレーナーにプレゼントしたものでしたが、関心がないからとポールにまわってきたのです。家に持ち帰ったポールは、そのCDをさっそく聴いてみることにしました。そしてそのまま寝てしまいます。もちろんCDはかけっぱなし。一晩中リピートしていました。

「翌朝はひどかったね。いつものように起きて部屋を見回すと、家具やカーペットやいろんなものが目に飛び込んできた。でも、いつもの風景なのにどこか違う。僕はなんでこんなものを買ったんだろう。なんでこんなものが必要なんだろうってね。とにかく普段の僕じゃなかった。神経がやられたかと思って急いで医者にも診てもらった。でも、どこも悪くなかったんだ。それでC

Dの持ち主だったウィリアムに会えば何が起きたのかがわかるかもしれないと思って、トレーナーに連絡をとってもらったんだ」

一方連絡をもらったウィリアムは、ポールがクリスタルボウルを購入するために会いたがっているんだと思いました。その当時のウィリアムは、画廊を経営するかたわら、クラシックのフロステッドのクリスタルボウルを仕入れて販売していたからです。顔を合わせた瞬間に二人は意気投合し、ポールのリビングルームでクリスタルボウルやスピリチュアリティについて夢中で語り合います。

「なぜ僕の意識が変わったのかも判明した。寝ている間にクリスタルボウルの波動がどんどん体に入ってきて、僕自身が変容した結果だったんだって。その他にも、ウィリアムがクリスタルボウルについていろいろ話してくれた。そして僕はその場で決心したんだ。ウィリアムのクリスタルボウルビジネスに協力しようって。おまけにウィリアムと僕が前世からつながりのあるツインフレーム（魂の兄弟）だっていうこともわかったんだ。本当に驚いたね」

そのままポールの家で一緒に暮らしはじめた二人。出会った一週間後には、ポールは資金を作るために預かっていた不動産を売りはじめます。

「とても良い利益を上げていたから、投資家たちはすごく怒ったよ。でも、何かに突き動かされているような感じだったから、迷いはなかったね」

一方のウィリアムもそれまで経営していた画廊を一カ月後には閉鎖し、その年の秋にはクリスタルトーンズ社を創業します。

「なんでもやりたいことをやっていいよ。僕が無条件で助けるからってポールが言ってくれたんだ」

ウィリアムは当時二七歳。ポールもまだ三五歳の若さでした。

ウィリアムの目覚めと苦悩。そして天の声に導かれて

そのウィリアムが、クリスタルボウルに惹かれるようになったのは、ポールと出会う二年ほど前のことでした。ウィリアムが経営する画廊の前に道を隔ててネイティブアメリカンの店があり、そこにネイティブアメリカンたちがクリスタルボウルを弾きにやってきたのです。

「ネイティブアメリカンにとって、クリスタルボウルは聖なる儀式の道具なんだ。それなのに、儀式でもなんでもないのに人前でクリスタルボウルを弾いている。そんな光景は、今まで見たこともなかった。それこそ『レインボウピープルが現れてクリスタルボウルを奏でる時、世の中に

平和が訪れる』っていう『ホピの予言』の中の言葉にぴったりだと思ったんだ。彼らがクリスタルボウルを通して神々から授かったさまざまなメッセージを分かち合おうとしてるってね」

ホピとは、ネイティブアメリカンの部族のひとつであるホピ族のこと。マヤ文明の末裔とされ、「ホピの予言」として神々からのさまざまなメッセージを伝承してきました「平和の民」と呼ばれる彼らは、自らをレイボウピープルと称し、現在でも昔ながらの風習を守りながら居留区で生活しています。

「昔から、地球に平和の光をもたらすのはレインボウピープルだって言われていたんだ。だからクリスタルボウルは、いわばその光をもたらす道具みたいなものだよね」

すっかりクリスタルボウルの音色と美しさに魅せられてしまったウィリアム。数日後には、画廊の真ん中にインテリアとしてボウルを飾り、自ら弾くようにもなりました。そこに目を付けたのが画廊の客たちです。絵よりもボウルに関心が集まり、その後、販売することになるのです。当初は単品での販売でしたが、やがてボウルによって対応するチャクラ（114頁参照）が異なることもわかってきました。体のエネルギーセンターである基本のチャクラはルートチャクラからクラウンチャクラまで全部で七つ。それらに対応するため、セットでの販売もスタートしました。

「でも当時の僕はそうとう落ち込んでいた。毎日のようにボウルを弾いていたから、何かがシフトしてしまったんだ。病院や牢獄の場面が何回も現れては消えていく。システムを変えろっていう声が聞こえてくるんだけど、どうしたらいいかもわからない。一週間ほど病院に入ってみたけれど、原因もわからない。まるで死に向かっているようだった。その頃はまだ知らなかったんだ。クリスタルボウルの波動には、高次元の意識につながるほどのパワーがあるんだってことをね」

それまでのウィリアムは、生粋のソルトレイク育ちだけあって友人も多く、ちょっとした人気者でした。ところが、その友人たちも変身してしまったウィリアムに愛想をつかし、どんどん離れていきました。自分が次第にひとりぼっちになっていくのをひしひしと実感していたというウィリアム。失意の果てに向かった先は、昔から大好きだった秘密の場所でした。

「車の往来が激しい住宅地の一角に、森に囲まれた広さ一二エーカーほどの土地があるんだ。小川が流れていて、一八〇〇年代に建てられた古い農家もそのまま残されている。その農家は奴隷たちが逃げ込む隠れ家でもあったみたいだね。昔は大きな農園だったらしいよ。そこがいわばボルテックスになっていて、自然の気が渦巻いているんだ。そこで僕は天に向かって聞いてみた。『どうしてこんな辛い思いばかりさせるんだ！』って。そしたら、『クリスタルボウル』っていう声が降りてきたんだ」

それは一九九七年の秋のこと。紅葉がとてもきれいだったことをウィリアムは今でもはっきりと覚えています。ちなみにソルトレイクがあるユタ州は、隣接するコロラド州、ニューメキシコ州、アリゾナ州と共にフォーコーナーズと呼ばれるスピリチュアルの聖地。ソルトレイク自体も自然のエネルギーがあふれる一帯として有名です。

ニュータイプのクリスタルボウル誕生まで

こうしてスタートしたクルスタルトーンズ社。翌年にはポールも経営に加わり、二人揃ってクリスタルボウルに専念するようになりました。クリスタルボウルの波動にはチャクラや細胞のバランスを整えるだけでなく、意識を活性化したり環境をも浄化するパワーがあることが徐々にわかってきたため、クリスタルボウルの普及一本に的を絞り込んだのです。しかし、その後まもなくその決意を踏みにじるかのように、肝心の仕入れ先が倒産してしまいます。そこで資料を集め、技術者を雇い、ウィリアム自らが製造にも着手するようになりました。問題は、従来からあるクラシックのフロステッドのボウルのサイズと重量です。なにしろ大きいうえに重い。セットともなれば、その重量も半端ではありません。そこでもっと軽量のものが欲しいという周囲の要望も加わって、試行錯誤のうえ誕生したのがウルトラライトクリアとウルトラライトフロステッドのシリーズでした。クラシックのフロステッドのボウルと製造法は異なりますが、いずれも原料は水晶のみ。その後、取っ手をつけたプラクティショナーも誕生しますが、軌道に乗るまでは苦労も多かったようです。

「スタート当初は、僕の周波数がまだ高すぎてどうしても調子が狂ってしまう。精神的にもとても不安定だったね。それでもクリスタルボウルの波動を追いかけながら、なんとか技術を習得していった。よくボウルの波動の中で仕事するなんてうらやましいって言われるけど、その時は波動の中で仕事して、おしゃべりして、食事もしていた。その点は今も同じだけど、当時は頭でばかり考えてしまって、足が地についていないような状態だったんだ」

しかもクリスタルボウルを製造することだけがウィリアムに与えられた使命ではありません。ボウルを普及するため、さまざまな街に出向いてはデモンストレーションも行っていました。当時はまだヒーリングという言葉さえ浸透していない時代。クリスタルボウルの波動がチャクラや意識そのものにも影響を与えるとわかってはいても、チャクラという言葉自体を使うことはほとんどありませんでした。宗教という形で受け取られるのが嫌だったからです。

「ボウルを受け入れてくれる人にもなかなか出会えなかった。だからしばらくの間は苦労したね。でも、フロリダとニューヨークだけは違っていた。最初から完全にボウルを受け入れてくれたんだ。いろんな人が聴きにきたよ。その目的も癒しだったり、何かを決断するためだったりとさまざまだったね。コンピューターの二〇〇〇年問題の時は、一九九九年の大晦日から元旦にかけて一晩中弾き続けた。悪いエネルギーを浄化するためにね。僕たちの他にも、ボウルを買ってくれた人たちがあちこちで弾いてくれた。あの頃はスピリットに導かれるままに月に三、四箇所の都市をまわっていたかな。トレーラーをまだ持っていなかったから、ユーホールというレンタルトラックでね」

ウィリアムのメディスンネームはトロン。ディズニー映画の題名からとったもので、一九八〇年代公開当時は、全面的にコンピューターグラフィックを導入した世界初の映画として話題を集めました。

「プログラムが擬人化されていて面白かったよね。実際、僕たちもコンピューターの集積回路の中で生きているようなものだと思わない？　僕にはそんなふうに思えるんだけど」

ウィリアムは映画は好きですが、テレビも見ないし、本もほとんど読みません。それも天から「情報は直接受け取ること」とのメッセージがあったからだとか。クリスタルボウルの情報も、チャネリングを通して直接受け取っています。

「今も週七日二四時間チャネリングしてる。僕ほどではないけれど、ポールもビジネス関連のことをチャネリングしてる。オープンな状態でいれば、誰でもチャネリングはできるよ。マインドが拡大するのをそのまま許すんだ。そうすれば、さまざまなメッセージや場面が降りてくる。それこそ最高の映画だよ。テレビなんか全然面白くない」

となれば、「水晶に貴金属やジェムストーン、鉱物などを混入したアルケミー・クリスタルボウル（以下、アルケミーボウル）製造のヒントもそのチャネリングから？」と聞いたところ、返事は「ノー」。意外にも、きっかけはポールがもたらしたものでした。

ポールの目覚めがきっかけで誕生したアルケミーボウル

「当時のウィリアムはモルダバイトがお気に入りで、僕にそのエネルギーの素晴らしさをよく話していたんだ。でも僕はウィリアムとは違って、水晶のエネルギーさえなかなか感じることができなかった。それが悔しくてずっと不満を抱えていたんだ。その不満が、ツーソンのジェムショーに出向いていた時に爆発した。僕はその勢いのまま思わず知り合いの業社に駆け込んだんだ。知り合い僕のそばには、問題のモルダバイトの原石が入ったバケット容器が二つ置いてあった。知り合いがそれらを指さして『両手を片方ずつそれぞれの容器に突っ込んでごらん』って言ったんだ。言われた通りに突っ込んだよ。そのとたん、カーッと熱くなって目から火花が出て眉間の第三の目がパカッと開いた。追いかけるようにクラウンチャクラも開いた。そんなことは初めてだったから、本当にびっくりしたね。おかげでモルダバイトのエネルギーがどんなものかもわかったよ。もちろん、ウィリアムがなぜモルダバイトを重視していたかも理解できた。多次元の要素を人間のハートにつなげる大切な石なんだなって素直に思えたよ。それでウィリアムと相談して、資金をすべてつぎ込んで水晶にモルダバイトを混合したボウルを作ってみようって決心したんだ。それが最初のアルケミーボウル製造のきっかけだよ」

それはクリスタルトーンズ社誕生から二年後の二〇〇〇年のことでした。しかしスタートはしたものの問題は山積みで、結局アルケミーボウルの製造が軌道に乗るまでには三年ほどの月日を要することになったのです。

「水晶の専門家たちとはそれ以前からも一緒に仕事をしていたけれど、さらにハーバード大学やコーネル大学、スタンフォード大学の科学者や研究者たちにも加わってもらって研究開発をスタートしたんだ。何度も失敗を繰り返しては作り続けた。製造の過程がものすごくハイテクなんだよね。環境を整えるためにクリーンルームも新設したし、特殊な釜も導入した。研究開発費と合わせるといったいいくらつぎ込んだかわからないくらい。まさにアルケミー。錬金術だったよ」

とポール。

苦労しただけのことはあって、モルダバイトの次にはエジプシャンブルーが、さらに二〇〇二年にはローズクォーツとホワイトゴールドのアルケミーボウルが完成しました。

クリスタルトーンズ社が使用している水晶の純度は九九・九九二パーセント。成形には温度を四〇〇〇度（華氏）まで上げられる特殊な釜が使用されています。もちろん、工場は無菌状態。製造は分離・区分されているため、その実態はウィリアムとポールしか知りません。安く仕上げようと原料の質を落としたり、不純物が混入したりすると製造中に爆発してしまうそうです。

「音の加減はボウルの厚みと直径と高さとボウル自身の錬金術によって違ってくるから、そこらへんは調整しているけれど、最終的な周波数は今でも焼き上がらないとわからない。でも、これはボウル自身が決定すること。調整することは難しいだろうね」とウィリアム。

モルダバイト以降のアルケミーボウルには、すべてウィリアムのチャネリングによって導かれた貴金属やジェムストーン、鉱物などが水晶に混合されています。その時代や時期によって地球に求められる周波数も要素も異なってくるため、混合される素材も変化します。

「アルケミーボウルの面白さは、そこにあるんだ。例えばエメラルド。五年前に一度試してみたけれど、どうしても割れてしまって完成できなかった。ところが去年試しに焼いてみたら、大した問題も無く完成した。これも地球の時代の要請だと思うよ」

それにしても、クリスタルボウルの製造に関してはまったくの素人だったウィリアムが製造に携わるようになるとは、不思議といえば不思議です。ウィリアムいわく、ボウルに選ばれると仕事自体が活性化されて、自分自身もボウルが要求するままに自然に動かされていくそうです。そしてアルケミーボウルを製造した理由がもうひとつ。

「地球の波動の上昇を促すワークショップの際に使用していたプラクティショナーボウルの波動を、さらに豊かなものに活性化したかったんだ。チャネリングを通して強烈に入ってきた指示に従ったんだけど、僕自身もその必要性を強く感じていたからね」

ウィリアムによると、チャネリングによる情報が最も効果的に現れるのが温泉だとか。地元ソルトレイクから一時間ほどのミッドウェイにある自然温泉はウィリアムとポールが行きつけの温泉で、月に二、三回は訪れているそうです。

「ここにもエネルギーが渦巻いているボルテックスがあるんだ。仕事がうまくいかない時は、まずは温泉に入る。お湯に入るとシリカが体に働きかけてくるようで、悩んでいたこともすべて自然にクリアになるんだ」

世界に販路を広げるアルケミーボウル

アルケミーボウルの製造に着手するようになってすでに一〇数年。ボウルの種類も、今では五〇種類以上になり、販路もアメリカに限らず世界各地に拡大しています。

「アルケミーボウルの特徴は、なんといっても豊かな倍音を含んでいること。ひとつのボウルでも二つ以上の倍音を含んでいるから、クラシックのフロステッドボウルのようにセットで購入する必要もないし場所もとらない。そんな点も受け入れられているのかもしれないね」とポール。

製造から数年後には、ソルトレイクのボルテックスの上に本社を移しました。さらに、その反対側には彼らがテンプルと呼ぶ店舗も完成し、常時千個ほどのボウルを保管し展示しています。

「ボルダーのテンプルもまもなくスタートするよ。カルフォルニア州のシャスタ山にはベヴのテンプルもあるしね」

シャスタ山は、古くからネイティブアメリカンの聖地とされるスピリチュアルスポットです。ベヴはその山の麓で水晶そのものを販売していました。そのベヴが、アルケミーボウルを手に入れたのは二〇〇二年のこと。クラシックのフロステッドボウルには関心も示さなかったのに、完成したばかりの可愛い七インチ（約一八センチ）のローズクォーツのアルケミーボウルを手のひらにのせて弾いた瞬間に魅せられてしまったのです。その後、ベヴは毎日そのボウルを弾き続け、自分がどんどん元気になっていくのを実感していったとか。その結果、水晶はお店の奥に追いやられ、アルケミーボウルが中心になりました。今では音色に惹かれて訪れる客も多く、ちょっとした名所になっています。店内のボウルは増え続け、売らずに大切に保管されているベヴのプライベートコレクションも少なくありません。

「他にも北米ではニューヨーク、サンディエゴ、マイアミ、ボルダー、バタンルージュ、マリランド、バンフにボウルテンプルがあるんだ。ヨーロッパにもミュンヘンやウィーン、アムステルダム、バルセロナ、ロザーンにテンプルがある。日本では、東京や横浜、熱海にあるよ。今、開拓しているのはロシアだね。日本の熱海のテンプルを運営する牧野持侑（86頁参照）は、クリスタルのグリッドに同調しながら演奏したりワークするんだ。すごい人だよ」

ポールによると、豊かな倍音を含むアルケミーボウルの音色には、もともと私たちの意識や細胞を活性化するパワーが備わっているとか。だからボウルに対する知識がなくても、波動を受け入れるだけで、ハートが開いたり細胞が活性化するそうです。

「僕たちの体の七〇パーセント以上は水分でできている。だからボウルの振動を受け入れやすいんだ。それに骨や細胞の壁は、水晶のような結晶体で構成されているから、同じ水晶でできたボウルとは共振しやすいんだ」

ここでウィリアムがハートを開いた人の例をひとつ話してくれました。場所はオレゴン州のアッシュランド。三〇〇人ほどのワークショップを開催していた時のことでした。

「一〇インチ（約二五センチ）のマザーオブプラチナのアルケミーボウルを弾きながら聖なるチャンティングをしていたら、大きなダイヤの指輪を何本も指にしているご婦人が突然卵から出てくる小鳥のようにもがきはじめたんだ。ああ、これは誕生するなって直感した。まるで殻を破って生まれてくるような感じだったからね。演奏が終わった後も、一時間ほど泣いていた。一緒に来ていた友達も一緒に泣き出しちゃってものすごくパワフルだった。たぶん、ボウルのエネルギーが彼女を変容させたんだろうね。その翌日、彼女がマザーオブプラチナのボウルを買いにきた。オーラがピカピカに輝いて活気に満ちていたよ。そしてこう言ったんだ。『あんなふうに自分を解放したのは初めてよ。なんだかいろんなことが吹っ切れたわ』って」

感動的だったハーレム体験

ポールが教えてくれたアルケミーボウルに関する感動的なお話もご紹介しましょう。ウィリアムとポールがハーレムの施設でのプログラムに参加した時のことです。参加者はすべてアルコール依存を抱えた男性ばかりでした。そのそれぞれがセラピーを受けなんとかアルコールは断っていたものの、まださまざまな問題を抱えていました。

「すごく怖かった。五〇人から六〇人ほどの参加者のほとんどが黒人で体もすごく大きかったからね。お年寄りもいたし、若者もいたし、まるでゴロツキのような人もいた。僕たちはそういう人たちに慣れていないんだ。どうすればいいんだって僕が頭を抱えていたら、それを見たウィリアムが部屋の照明を全部消してくれたんだ」

参加者には何も知らされていませんでした。施設の所長が彼らに指示したのは、目を閉じることだけ。ウィリアムとポールはボウルを弾きながら、一五分ほど参加者の間を歩きまわります。

「演奏を終えて照明をつけた瞬間、僕たちはびっくりしたね。あっちでもこっちでも男たちが泣いていた。荒くれた生活を送ってきた男たちが抱き合ったりしながら感情むき出しで。これがハートを解放するということなんだ。古いパターンを手放さなければ、新しい生活はスタートできない。彼らにとってはいい機会になったんじゃないかな」

その後、所長がポールたちを建物の外に連れていき、「こんなことは初めてです。施設でもぜひボウルを手に入れましょう」と言ってくれたそうです。そこで、そんな時にはどんなボウルが適しているのかポールに聞いてみました。

「深い音のアルケミーボウルをいくつか使ったハーモニクスがいいと思うよ。わずかな周波数の違いがある二つのボウルを弾いた時に発生するバイノーラルビート（103頁参照）には、恐れや対立の古いパターンを分散しバランスを整えるパワーがあるからね。だからハーモニクスによって思わぬ癒しがもたらされることが多いんだ」

クリスタルトーンズ社には、毎日アルケミーボウルに関連したたくさんのメールが届きます。なかには、学校の先生やお子さんをおもちのご両親からの感謝のメールもあります。

「授業の前や宿題をする前に五分から一〇分ほどアルケミーボウルを聴かせたり弾かせたりしているんだって。今の子供たちは落ちつきがあまりないから、集中力を養うためにもボウルが役立ってるみたいだね。勉強にはグラウンディングのドが絶対おすすめ。精神的にも落ちつくからね。脳を刺激したいなら、クラウンチャクラに対応したシ。さらに脳を活性化したいならラ♯もおすすめだよ。僕も朝起きたときにこれらの音を聴くんだ。そして一日をスタートする。ボウルのCDでもいいんだよ。ボウルの周波数は刺激にもリラクゼーションにもなるから、いろいろ試して遊んでほしいな」

ポールが個人的に好きな音はレとラの組み合わせ。これは流れる水の音で、チューナーで滝の音を測ってみると異なったオクターブのレとラの組み合わせが聞けるそうです。

アルケミーボウルが切り開いたさまざまな人生

アルケミーボウルに出会ったことによって、新たな人生を切り開いた人もたくさんいます。その一人がシンガーとして活躍するアシャーナ（170頁参照）です。

「彼女の夢はシンガーになることだった。ところが何をやってもいまひとつ。そのうち三〇代を迎え夢をあきらめるようになった。そしてクラシックのフロステッドボウルを手に入れヒーリングの仕事に打ち込むようになるんだ。シャーマニズムの儀式を取り入れたヒーリングで、とてもネイティブアメリカン的だったね。そんな時に出会ったのがアルケミーボウルだったんだ。購入に訪れたとき、アシャーナはボウルを弾きながらとても興奮していたね。それから数年後にアシャーナはボウルを武器に、もう一度シンガーの夢に挑戦しようと動き出すんだ。仕入れたシャーマニズムの知識を盛り込んだ自作のサンプルをウィリアムにも送ってきた。ウィリアムはアシャーナらしい音色のアルケミーボウルを製造してプレゼントし、収録曲についてもアドバイスしていたよ。その結果、ＣＤの売れゆきは話題になるほど好調だった。それ以来、アシャーナはシンガーの道を突っ走ってる」

さらに新たな道を切り開いた人がもう一人。ファッションデザイナーのリンディーです。

「リンディーも、長い間ファッションメーカーでデザイナーとして働いていた。でも、リンディーのオリジナルって呼べるものが何ひとつなかったんだ。そんな時に、アルケミーボウルに出会い、弾いているうちに新たなアイデアを思いつく。そのアイデアをもとに、水晶を縫い込んだ生地やドレスを製作して売り出してみたところ、予想以上の売れゆきだったんだ。それでジェムストーンを施したボタンやバッグも製作するようになった。それが映画スターたちの目にとまり、注文が殺到するようになったんだよね」

リンディーはその後、モルダバイトのアルケミーボウルをいくつか購入し、そのボウルで波動水（129頁参照）を作って瓶詰めにしました。リンディーを含め、その波動水を愛用している三〇人ほどのグループがフロリダに在住します。彼らは定期的に五〇〇人から六〇〇人の億万長者たちを会議室に集め、地球のために必要な事柄について話し合います。そして必要であれば投資してもらっています。その話し合いの前には必ずモルダバイト水を飲みます。隕石であるモルダバイトには宇宙のエネルギーが融合されているため、チャクラがより活性化し、パワフルなアイデアもたくさん浮かんでくるそうです。

クリスタルボウルを世界中に届けるために

ポールとウィリアムは、ニューヨークの国連の会計事務所で働くスーザンの協力のもとに、総会が開催される日には夜明けとともに国連を訪れ、アルケミーボウルを弾きながら廊下や階段を歩き、場を浄化します。

「毎年九月二一日に開催される国際連合総会後のコンサートでは、僕たちもボウルを弾くんだ。これはもう何年か続いている。あの忌まわしい過去を浄化するためにも、今後も続けていくのが僕たちの使命だと思っている」とポール。

アルケミーボウルの活躍の場は確実に広がっているようです。

「ボウルは僕たちのさまざまな要求に素直に応えてくれるからね。でも、奉仕を受けるだけではだめ。スピリチュアルなレベルでのお返しをしなくっちゃ。ボウルも『どんなお返しをしてくれるの?』って聞いてくるからね。『フィールド・オブ・ドリームス』っていう映画があったでしょ。ある日、主演のケビン・コスナーがトウモロコシ畑の中で耳にする "If you build it, he will come" (それを作れば、彼が来る) って言葉覚えてる? その言葉に力を感じた主人公が生活の糧であるトウモロコシ畑を削って小さな野球場を作る。そこに往年の選手たちがやってくるんだ。僕のビジネスの哲学も"If you build it, he will come"なんだ。天に向かって自分の意図を設定して、身も心もすべて捧げて奉仕する。すると天がそれだけものを返してくれる。もちろん、それは簡単なことじゃないよ。天は学びの苦しさも与えてくるからね」

というわけで、ウィリアムとポールは一〇年以上にわたり、各地でボウルを弾き続けてきました。なぜなら、弾くことをボウルが何よりも望んでいるからです。

「僕の夢は、世界中の街角にボウルを届けること。だって考えてもみてよ。世界中の人が同時に同じ意図を持ってボウルを弾くとする。すると、たくさんのボウルの波動が正弦の波形になって宇宙に流れていく。これは、レーダーの原理と同じだよね。携帯電話も、水晶のチップに特定の周波数がセットされて、特定のシグナルが送られることによって世界中で会話ができるわけだから。同じ技術を駆使すれば、地球全体を浄化することも決して不可能ではないと思うんだ」とウィリアム。

不可能と思えることでも、この二人ならなんとかしてしまいそうです。

サイ・マーと共に戦地へも

ところで、サイ・マーとは旧知の間柄と聞いたけれど、そのきっかけは？

「僕はもともと一〇代の頃からサイババの信奉者で、インドに行ったことはないけれど、サイババのビブーティ（聖灰）が入ったお香を焚いたりしながらサイババとしょっちゅうチャネリングしていたんだ。その時もそうだったよ。ツアーでアイダホ州のサンバレーに滞在していた時にサイババがやってきて、『今度、肉体という形で君の前に現れるよ』っていうメッセージを残していったんだ。サイ・マーと出会ったのは、その直後だった」とウィリアム。

それは二〇〇一年のトム・ケニオンのサウンドセラピーのワークショップでのことでした。ウィリアムの隣に、サイ・マーが座っていたのです。ちなみにトム・ケニオンは人の脳や行動に及ぼす音の影響力に着目したサイコセラピストで、『ハトホルの書』（紫上はとる訳　ナチュラルスピリット刊）の著者としても有名です。

ワークショップ後、サイ・マーがウィリアムに話しかけたことをきっかけに意気投合した二人。サイ・マーがサイババを信奉していることもこの時にわかりました。一方、ウィリアムが弾くクリスタルボウルの音色と波動にすっかり魅了されたサイ・マーは、自分のワークショップでも弾いてほしいとウィリアムに提案します。当時のサイ・マーは自らのプログラムを広げるため、アメリカを中心に各地でワークショップを展開していました。以後、ウィリアムとポールもサイ・マーと行動を共にしながらボウル演奏を各地で披露することになります。

「サイ・マーはすべての宗教を受け入れていたから、僕たちも一緒に行動することができたんだ。エネルギーを浄化するために、戦闘中のイスラエルにも一緒に行ったよ。平和を願って、ヨルダンやイスラエル、パレスチナの若者たちが集会を開いていた。なかには、徴兵に従わず牢獄に入れられる直前の若者たちもいたよ。ホールの外では銃弾が飛び交っていた。それでもサイ・マーに『必要なんだから弾き続けなさい』って言われて、弾き続けた」と語るウィリアムの言葉に、その場を思い出したようにうなずくポール。

二人がサイ・マーと行動を共にしたのは二年あまり。そのうちサイ・マーの活動自体が大きく拡大してきたこともあって、だんだん現在のようなリトリートでの参加に変化していきました。

「サイ・マーもボウルが大好き。地球のエネルギーを浄化するためにも欠かせない道具のひとつだって。だからサイ・マーの波動をボウルにしたいと思って、サイ・マーと一緒にサイ・マーボウルを作ったんだ」

それが、二〇〇八年に新たに誕生したサイ・マーボウルです。ボウルにはダイヤモンド、ルビー、ホワイトゴールド、シルバー、カイヤナイト、プラチナが混合されています。

「このボウルの素晴らしい点は、どのボウルと合わせてもまとめてくれるところだね。それにどんなところで弾いても統一がとれる。この点はサイ・マーと同じだね」とウィリアム。

一緒に行動を共にすることはなくなりましたが、今でもサイ・マーとのつながりは強いようです。

「サイ・マーと話したいと思ったら、ボウルを通してクリスタルのグリッドにアクセスするんだ。このグリッドを通してサイ・マーと話すこともできる。ボウルが橋渡しをしてくれるんだ。僕にとって、ボウルは人とのコミュニケーションを潤滑にしてくれる扉みたいなものだね」

花を摘むようにボウルを弾く日本人

アルケミーボウルの登場以来、日本でも急激な勢いでクリスタルボウル人気が拡大しています。その人気をどう受け止めているのか。ポールに聞いてみました。

「日本への販売を通してまず気づいたことは、日本にはすでに素直にクリスタルボウルを受け入れる姿勢があったということ。それがアメリカと大きく異なる点だった。おそらく文化の違いだと思うけれど、初めから壁がまったく無かったんだよね。それに日本人がボウルを弾くときの顔の表情がなんともいい。生き生きとした喜びに満ちあふれている。ようこそって、花を摘むような感じなんだ。だからその笑顔のお返しに何ができるかなって、ウィリアムと一緒に考えているんだ」

そもそもクリスタルトーンズ社と日本との絆は、最近になってスタートしたわけではありません。すでに二人の日本人が数年にわたり同社で働いてきたからです。その一人が八五歳のカズコです。

「カズコの仕事はボウルの音を聞き分けるチューニング。ボウルのエネルギーをグラウンディングしてくれている。日本人にそもそも備わっている音の文化を大いに発揮していると言えるだろうね。カズコは背が低い小さな女性。しゃべっても一日に四つか五つの言葉だけ。チューニングしながら、一日中ボウルと遊んでる。遅刻も休むこともなく九年間ものあいだ働いてるよ。僕とウィリアムはカズコをとても尊敬してるし、愛してるんだ」

いずれは日本を訪れ、各地でボウルを弾きたいという二人。来日の際には、モーツァルト効果を世界中に広めたドン・キャンベルも、『奇跡を引き寄せる音のパワー』(宇佐和通訳　ＫＫベストセラーズ刊)の著者であり、クリスタルトーンズ社のＣＤ製作には欠かせないヒーリングアーチストのジョナサン・ゴールドマンも同行を希望しているとのこと。もちろん、来日のお楽しみのひとつとして、各地の温泉めぐりは欠かせないとのことでした。

八日間のサイ・マーのリトリート終了後は私たちもウィリアムとポールと一緒に巨大なキャン

ピングトレーラーに便乗し、新しく開店するボルダーのテンプルに向かうことになりました。お供は猫のハトールとゾーイ。主にアメリカやヨーロッパで自然に突然変異で誕生した無毛の猫ですが、認定の際にルーブル美術館に展示されている有名なエジプトの猫の像と同じ姿勢をしていたため、スフィンクス種と名付けられました。ウィリアムによると、スフィンクス種には人間のハートを開くパワーがあるとか。抱いてみるとまるでスウェードのような感触で、大きな瞳が何とも印象的。思わず心なごむひとときをハトールとゾーイがもたらしてくれました。

ヴェイルからボルダーまでは車で二時間ほど。車は広大なロッキー山脈をバックに快調にスタートしました。と、ここまではよかったのですが、一時間後にはアイダホスプリングスで一休み。当地はかつてのゴールドラッシュの街で、地下岩盤を掘り起こした本格的な温泉があります。ウィリアムとポールがヴェイルでのイベントの後は必ず立ち寄る温泉だそうで、最初からスケジュールに組み込まれていたようです。そこで私たちも温泉に入ることになったのですが、待ち合わせの時間になっても二人は出てこない。二時間待っても出てこない。三時間後にやっとポールが出てきて、ウィリアムはまだまだ出てくる気配がないとのこと。そうです。温泉に入りながら、チャネリングしているのです。けっきょく、この日はこの温泉に併設の宿に宿泊することになってしまいました。

聞けば、クリスタルトーンズ社の入社条件のひとつは、温泉好きであること。ツアーであっちこっちの街に出向いては、一日中温泉に入っていることも決して珍しいことではないそうです。というわけで、ボウル開発の源は温泉にあり。温泉がある限り、ボウルの躍進は今後も続きそうです。

1. ヴェィルでのワークショップの様子。ウィリアムとポールが私たち日本人を対象にしたワークショップの時間を特別に作ってくれました。その音色に惹かれたのか、多くの方々が集まってきました。

2.「クリスタルボウルを世界中に届けることが僕の仕事」と言い切るウィリアムのワークショップは、ボウルに対する愛情満載。ボウルとの接し方からボウルのエピソードまで親切ていねいに語ってくれました。

3.「弾いた後の沈黙が大切なんだよ」とポール。その内容は理論的で、チャクラの整え方からボウルを使ったトーニングにいたるまで、講義を受けているような充実したものでした。

4. 愛と光に満ちた教えやプログラムをより多くの人々に伝えるために世界各地で活動を展開している聖人のサイ・マー・ラクシュミ・デヴィもクリスタルボウルの愛好者。普及にも積極的です。滞在中のリトリートの際にも、さまざまな形でボウルが活躍していました。

写真提供：HIU（ヒューマニティー・イン・ユニティー）

5

8

6

7

5. ボルダーのテンプルの外にボウルを並べてトーニング。こんなひとときが、ウィリアムとポールにとっては心安らぐひと時なのでしょう。

6. 移動のお供は猫のハトール（左）とゾーイ（右）。人なつっこいハトールに比べ、ゾーイは人見知り。それでも好奇心旺盛なのか、目が合うと穴が開くほど見つめてきます。ポールによると、無毛だけに環境の調整が大変なのだとか。というわけで、ヴェイルに滞在中はずっと車中で待機していました。

7. スッタモンダの末にたどり着いたボルダーで、キャンピングトレーラーに積み込んだ荷物を新しくオープンするテンプルに運び込んでいるところ。これがまたひと仕事。慣れていない私たちにとっては過酷な労働でした。ポールの足どりも表情も少々お疲れ気味です。

8. シアトルからボウルを仕入れに訪れたダイアナ。ヒーリングショップを営むダイアナはとてもサイキック。ボウル演奏だけでなくリーディングやヒーリングも披露しながら私たちを存分に楽しませてくれました。ダイアナのショップでもクリスタルボウルは人気で、多くの愛好者が訪れるそうです。

9. ボルダー到着から3日目のウィリアムとポール。春の日差しが気持ちいい１日でした。

10. オープン前のボルダーのテンプル内部。ヴェイルから引き上げたボウルも含め500個ほどが並びます。その数の多さに圧倒されてしまうほど。でも手にとって弾いてみると、ひとつとして同じ音色はありませんでした。

ウィリアムとポールの個人セッション――鈴木真佐子《すずきまさこ》

まずセッションの前に、私に必要なアルケミーボウルをウィリアムに見てもらいました。いくつかのリストの中で、筆頭にあったのが鉄を混合したグランドファザーと金を混合したアクアゴールドのボウルでした。いずれも男性性のバランスをもたらすボウルです。これはぴったりかもしれないと思いました。なぜなら、以前見てもらったチャネラーのゲリー・ボーネルのリーディングによると、私は五五七回も生まれ変わっていて、それも男性だった回数が多いとか。前世も男性だったそうで、ゲリーに女性性と男性性のバランスが必要だと言われていたからです。

その後、セッションを行ってもらったのですが、まずポールが一〇数個のボウルをレイアウトしました。それらのボウルに囲まれるように、私が仰向けになります。足元には一二インチ（約三〇センチ）の大きなボウルが二、三個。グラウンディングと足の裏のツボを活性化するためのボウルだとのことでした。セッション中は深い呼吸をするようにと指示されます。リラックスしていないと音も聴こえてこないそうです。舌を歯の裏あたりにつけ、鼻からお腹に向けてゆっくりと呼吸しました。

一段落したところで、ポールが低い音のボウルから弾いていきます。いきなり高い音から弾きはじめると、被験者によっては堅くなってしまい、チャクラがますます閉じてしまう人もいるからだそうです。ボウルの音色を聴いているうちに、意識が次第に遠のいていきました。なんとも気持ちがいい。体中のエネルギーが活発に動いて、意識は変性状態（96頁参照）です。ボーッとしていたら、ポールがかけてあった虹色のショールでオーラをフワッフワッと払ってくれました。

そのままショールを頭からかぶって、アシスタントの女性に付き添われて別の場所に用意されたウィリアムのセッションコーナーへ向かいます。椅子に座ったところで、ウィリアムが足にバラのような香りの香料を塗ってくれました。そして短いチャンティング。後で聞いたところ、聖なる女性性を活性化する儀式を行っていたとのことでした。ウィリアムはチャネリング状態に入っていたようで、「サイ・マーボウルのエネルギーでグリッドを活性化してくれてありがとう」というメッセージを伝えてくれました。私が昨年の冬にサイ・マーボウルを日本に紹介したことを言っていたのでしょう。

その後、再びポールのもとに戻ります。ポールがボウルに声を乗せながら、トーニング（124頁参照）をしてくれました。私はボーッとしたままです。しばらくすると、突然大きな声で私の名前でトーニングを始めたためびっくりして意識が戻ってしまいました。時間は全部で一五分くらい。初めての経験でしたが、心地よい時間でした。今度はもうちょっとゆっくり受けてみたいですね。

個人セッションのひとコマ。

第2章

クリスタルボウルは生きている

その魅力と不思議

誕生以来、クリスタルボウルの中でも人気急上昇のアルケミー・クリスタルボウル。その人気の秘密は、鮮やかな色彩と軽さに加え、驚くほど美しい音色にあります。さらに水晶に加えられた貴金属やジェムストーンなどの物理的エネルギーが相乗効果を発揮して、聴くだけで癒しと治癒という二種類の効果をもたらすとも言われています。そこでクリスタルトーンズ社のマスターアルケミストでもある礼子・デューイさんに、その魅力と不思議についてお聞きしました。

完成したばかりのアルケミーボウルに一目惚れ

「私にとって、アルケミー・クリスタルボウル（以下、アルケミーボウル）はひとつの生命体です。性格を持っていますし話しかけてきます。もちろん、交流もあります」と礼子・デューイさん。

その礼子さんがクリスタルボウルに出会ったのは、二〇〇一年にニューヨークで起きた九・一一事件の直後。初めて参加したサイ・マーのワークショップでした。サイ・マー自身が弾いていたのが、クリスタルトーンズ社のクリアボウルだったのです。

「直感でそのボウルが欲しいと思ったんですが、すでに買い手が決まっていたのであきらめました。でも、けっきょくは買い手が引き取りにくるのを忘れたため、私が引き取ることになったんです。ウィリアムにも『このボウルは君のもとに行く運命だったんだね』と言われました。九・一一事件直後からサイ・マーが浄化のために使っていたというボウルでした。それを聞いて《すごい！》と思いましたが、当時はまだボウルに執着するほどではなかったんです」

それからほぼ一年。今度はポールとウィリアムを訪問することになり、夫と生まれたばかりの息子と三人でソルトレイクのクリスタルトーンズ社に向かいました。

「ところがすごい嵐になってしまって、そのまま三日間もクリスタルトーンズ社にとどまることになってしまったんです。何もすることがありませんでしたから、毎日ボウルばかり弾いていました。その中に、種類はまだわずかでしたが、アルケミーボウルもありました。お気に入りは完成したばかりの可愛い七インチのローズクォーツで、一目惚れでした。私がクリスタルトーンズ社のディストリビュータになったのも、そのボウルとの出会いがきっかけです」

しかし、ソルトレイクからの帰り道で、泣く泣くそのボウルを手放すことになるのです。

「今はクリスタルトーンズ社のテンプルになっているシャスタ山のベヴの水晶のお店に寄ったんです。ローズクォーツのボウルを見たとたんにベヴの目の色が変わって、手のひらにのせて弾きだしたらもう手放してくれない。それで私は不本意だったんですが、夫が譲ってしまったんです」

当時の礼子さんの本業は、クラニオセイクルワーク（頭蓋骨仙骨療法）の先生。ディストリビュータになったとはいえ、生徒にボウルを紹介はするものの、あまり熱心ではありませんでした。大好きなボウルを商売にすることに抵抗があったからです。

「でも息子がはいはいしたての頃に、サンフランシスコで開催された展示会に手伝いに行ったことがあります。息子がどこかに行ってしまっては大変なので、二一インチ（約五三センチの大きなクラシックのフロステッドボウルの中に花びらと一緒に入れておいたんです。息子は花びらを撒き散らしながらワイワイ遊んでいました。それが可愛かったのか、いつのまにか人だかりができてボウルをのぞき込んでいました。息子は当時からクリスタルトーンズ社のマスコットでしたね」

その息子のカイ君も、今では八歳の小学生です。幼い頃から自然にクリスタルボウルに触れていたせいか今では小さなボウルマスター。下手な大人より上手にボウルを選んでくれます。頼むと三分間ほどですが、ボウルを弾きながらしっかりとヒーリングもこなします。お気に入りのアルケミーボウルはミックスのカイアナイト・シトリンで、ローズクォーツをひとつ持っています。

礼子さんが本格的にアルケミーボウルと関わるようになるのは二〇〇六年。離婚を経て、カルフォルニア州からコロラド州のクレストンに移ってからでした。

「住民が四〇〇人ほどの土地ですから、クラニオセイクルワークだけでは生活が成り立たない。それで定期的に展示会のお手伝いをするようになりました。アルケミーボウルにはそれまでも日常的に触れてはいたんですが、本格的に勉強するようになったのもその頃からですね」

今では日本のアルケミーボウルファンだけでなく、世界各地のファンにとっても欠かせない存在の礼子さん。日本にも年に二回ほどワークショップに訪れ、アルケミーボウルの普及に努めています。

製造過程そのものがアルケミーボウルの魅力

「そもそもシンギングボウルと呼ばれるものは古代からありました。チベットのチベタンボウルもそうですし、日本のお寺の本堂などにある鐘もそうです。いずれもお祈りのため、あるいは神とつながるために使われてきました。ペルーの鳴る壺やオーストラリアのディジュリデューなども目的は同じです。それぞれの地域によって特徴は異なりますが、一様に独特な音の波動をもたらします。クリスタルボウルが癒しの道具と言われるのも、ボウルならではの音の波動があるからです」

宇宙を含めすべての物質は原子の集合体で、この原子の回転運動によって常に振動しながら波動をもたらしています。もちろん、私たち人間も同様で、振動しながら自然やあらゆる物質の波動の中で生活しています。それらさまざまな波動に体がどう共振するかによって、心身の状態にも変化が起きてきます。クリスタルボウルに使用されている水晶もすべての物質と同様に原子の集合体です。その原子も宇宙と調和しながら常に波動をもたらしています。古代より多くの民族が水晶を病気の治療や意識の向上に利用してきたのも、波動がもたらすパワーが体に有効であると信じられてきたからです。

クリスタルトーンズ社のアルケミーボウルにはクォーツクリスタル（石英水晶）が使用されています。クォーツクリスタルは最も一般的なクリスタルで、鉱物界の長老とも言われています。その成分はシリカ（硅素《けいそ》）で、水と結合しながら長い間にわたって手をつなぎ合うかのように熟成していきます。クォーツクリスタルが平らな底を持っているのも、大地に根付いていたからこそ。その多くが、清流の源などで発見されてきたことから「水の精」とも言われています。

「よくアルケミーボウルはガラスかって質問されるんですが、ガラスとはまったく性質の異なるものです。成分は同じシリカですが、ガラスにはその他にさまざまな化合物が混合されています。一方、クリスタルトーンズ社のアルケミーボウルに使用されているのは、九九・九九二パーセント純粋な水晶です。またガラスの成分は一〇〇〇度（華氏）以下でも溶けますが、アルケミーボウルを製造するには、その四倍ほどの温度が必要になります。溶けた水晶は型に入れられ、そのままの状態で時間をかけて平温に戻していきます。その過程で、組織体が星形二重正四面体から八面体へと変化します。変化した時点で、音が鳴るようにもなります。もともと水晶は、私の師でもあるドランヴァロの神聖幾何学から言うと三次元的幾何学構造を持つ物質です。その組織体が変化するということは、三次元から四次元、そして五次元へと次元移動しているということです。この製造の過程がアルケミーボウルの一番の魅力なんです」

ドランヴァロ・メルキゼデクは、『フラワー・オブ・ライフ』(脇坂りん・柴上はとる訳 ナチュラルスピリット刊)の著者で、神聖幾何学の提唱者です。『フラワー・オブ・ライフ』のワークショップは、世界中の三〇〇〇人を超えるファシリテータたちによって日本をはじめ六〇カ国で開催されています。

「スピリチュアルな観点から見ると、地球は今、三次元からさらに高い次元に向けて徐々に上昇中だと言われています。アルケミーボウルがこの時代に誕生したのも、地球の上昇に必要なエネルギーもたらすためだと私は思っています」

クリスタルボウルと相性抜群の人間の体

アルケミーボウルの振動音は正弦波形の波動を描きながら、六〇〇メートル先まで拡散することが実証されています。そしてこの波動と共鳴する成分を豊富に含んでいるのが私たちの体です。そのひとつが、クリスタルボウルに使用されている水晶の成分と同じシリカです。シリカは骨や関節、血管、皮膚、毛髪、爪などを健康に保つ重要な元素で、コラーゲンを定着します。また燐酸カルシウム系の骨格を組成するアパタイトクリスタル（燐灰石《りんかいせき》）が、頭蓋骨や歯をはじめ、体内のいたるところに存在しています。人間の体は水晶と同様に何億個もの結晶状の成分で形成されています。

「シリカや結晶状の成分で形成されているから、クリスタルボウルとも共鳴しやすいんです。シリカはただの要素のひとつにすぎないと言われていますが、知識を持った元素です。ドランヴァロが一五年ほど前に『きっとシリカと人間の関係がわかる時代が来るよ』って言っていましたが、その意味がここ数年でやっとわかるようになりました」

クリスタルボウルの振動音は、体内の七〇パーセントを占める水分と骨を媒体にして、体内の振動音と共振しながら全身に伝わっていきます。心地よい体感振動が体の深部に物理的マッサージ効果を与え、血流やリンパの流れを促進します。ここ数年にわたり、それらクリスタルボウルの振動音がもたらすヒーリング効果が科学的にも研究されるようになりました。振動音が私たちの心身をリラックスした状態に導くだけでなく、体内の組織や細胞をも活性化することがわかってきたからです。すでにアメリカの医療の現場では、心身の諸症状が改善したり治癒した例が数多く報告されています。米国がん治療界の名医でもあるミッチェル・ゲイナー博士は一九九一年から二〇年近くクリスタルボウルを日々の治療に活用してきました。さらに著書『音はなぜ癒すのか』（上野圭一・菅原はるみ訳　無名社刊）の中で、音を活用する治療はいずれ多くの医師や治療家にとって標準的なものになるだろうと提唱しています。

「クリスタルボウルの音を聴きながら、体が温かくなるのを感じたり、逆に寒くなるのを感じたり、手足の末端がしびれるような感覚をお持ちになった方も少なくないと思いますが、それも体が共鳴している結果です。できれば、一緒にトーニング（124頁参照）を加えるといいですね。人間の声とボウルの振動音を一緒にすることによって、チャクラの開き具合も変わってきます。これはチャクラの開き具合を測定する器械でも明らかに結果が出ています。体内の振動弾いている本人がトーニングを加えればチャクラの開きはより大きくなります。体内の振動音と外からの振動音が共鳴し合いながら、チャクラがゆっくりと満たされていくのを自分ではっきりと感じることができますよ」

トーニングとは声を癒しの道具に使うテクニックで、最も自然な形のヒーリングとしてさまざまな形で利用されてきました。トーニングには、肉体のさまざまな場所で共振現象を起こすことによって、体内のひずみやゆがみを直す作用があると言われています。

地球の要請に応じて誕生するアルケミーボウル

礼子さんによれば、貴金属をはじめジェムストーンやミネラルを混合したアルケミーボウルは、地球が必要とするエネルギーに応じて誕生するのだとか。

「一番最初に完成したアルケミーボウルがモルダバイトでした。宇宙から来ている隕石で、地球にはないエネルギーを持っています。二番目がエジプシャンブルー。古代からの知識とエネルギーを地球に活かすために誕生しました。三番目がローズクォーツで、愛のエネルギーです。四番目がホワイトゴールドで、観音様の癒しのエネルギーを持っています。二〇〇二年から一年ほどの間にこの四個のボウルが次々と完成しました。当時の地球には、新しいエネルギーや古代の知恵、さらに愛や癒しのエネルギーが必要とされていたのでしょう」

もちろんこれらの素材を決めるのは、ウィリアムのチャネリングです。その情報をもとに、アルケミーボウルは順調に種類を増やしてきました。

「でも、ここ一、二年の間は新たな要素を加えたりするだけで、新しい素材のボウルはほとんど出ていませんでした。ところが、最近になって新たなボウルが同時にいくつか完成しています。そのひとつがサンストーンで、聖なる男性性のエネルギーを持っています。従来のゴールドやアクアゴールドの持つたくましい男性性のエネルギーとは違い、悟りを開いた寛大な優しい男性性のエネルギーです。その他にもインペリアルトパーズやカーネリアン、モルガナイトなどが完成しています。水晶を勉強した方はご存じだと思いますが、水晶もそれぞれの時代に必要とされるエネルギーに応じて発見されてきました。アルケミーボウルも水晶と同じです。地球の要請に応じて誕生します」

そういえば、五年前にはどうしても完成しなかったエメラルドのアルケミーボウルがやっと昨年完成したとウィリアムも言っていました。エメラルドのエネルギーは無条件の愛。無条件の愛のエネルギーが今の地球に求められているのでしょう。

主張するアルケミーボウル

「でも、せっかく誕生したボウルも弾いてくれるパートナーを見つけない限りその目的を果たすことができません。私は、ボウルと弾き手との間を取り持つ仲人みたいな存在だと思っています。お見合いは、ボウルと弾き手の波動が引き合ってこそ成立します。私はその波動が融合するのを待つしかありません。ボウルに接しているうちに、お見合いが成立するかどうかも徐々にわかってきます」

とは言え、同じボウルはひとつとして存在しません。音の違いはボウルの厚みと直径と高さによりますが、どんなに緻密に計算したところで周波数や波動は焼き上がってみなければわからないからです。そんな中から、どうやって相性の良いボウルを選んでいくのでしょう。

「ボウルと出会った瞬間や弾いた瞬間、あるいは抱えた瞬間にそのつながりを感じる人も多いんです。おそらく、お互いの間に引き寄せ合う何かがあるんだと思います。ボウルもお気に入りの相手でなければ良い音を出しません。アルケミーボウルはとにかく頑固です。どちらかというと従来からあるクラシックのフロステッドボウルのほうが忠誠的ですね。ウィリアムがよく言います。『アルケミーボウルに選ばれてしまうと大変だよ』って。すごく嫉妬心が強いから、生活から邪魔なものを全部追い出してしまうんです。例えばアルケミーボウルが家に来てから、場所がなくてテレビが追い出されてしまったっていう話はよく聞きますね」

さらにボウルによっては、行きたい相手を知らせることもあるとか。

「以前、お話をいただいていた方にピッタリの一〇インチのルビーのアルケミーボウルが完成したので連絡したんですが、ルビーは嫌いだからいらないって言われたんです。でも、ボウル自身がどうしても行きたがっているようでしたので、とりあえずお送りしてみました。今ではそのボウルがその方の一番のお気に入りになっています。ボウル選びにはさまざまな要素が関わってきます。ご自分で選ぶなら、あれこれ悩むよりも直感でお気に入りを探してみる。けっきょく、それがボウル選びの一番のポイントだと思います」

アルケミーボウルの声に耳を傾けて

「ボウルを弾く前に、まずセンタリングして意識を集中することが大切です。弾く人のすべてがボウルに反映するからです。ボウルはエネルギーを増幅します。自分がクリアでない時、クリアな空間にいない時、さらには根源の自分につながっていない場合は、弾く人の人格や感情の部分が音にも反映してしまいます。ボウルが聖なる楽器であるという意識を持つようにしてください。この点は、どんなスピリチュアルワークの場合も同じです」

さらに精神的にひどい状態の時は、弾かないという選択も必要だと礼子さん。ボウルを弾くと落ちつくと思われがちですが、いらいらの状態のまま弾き続けても、そのいらいらが増幅するだけ。いわば他人に八つ当たりするようなものだそうです。

「マレット（スウェードが巻かれた棒）とボウルはいわば器と剣です。男性と女性です。融合してエネルギーが生まれます。弾き方はボウルによってすべて異なります。大きな圧力を必用とするボウルもあれば、小さな圧力のほうがいいボウルもあります。ボウルとつながりはじめるとボウルがどうしてほしいかを伝えてきます。アルケミーボウルの場合は、クラシックのフロステッドボウルとは違って、力を必要としません。ゆっくりと軽くが基本です。決して強くたたいてはいけません。マレットとボウルが出合うという感覚です。たたいたらそのままゆっくりと縁をまわしながらエネルギーを積み重ねていき、最後にそのエネルギーを解放するために再度チャイムを軽く鳴らします。ハートを開いてボウルとつながっていると、いつ弾き終わればいいかもわかってきますし、ボウルが必要とする圧力もわかってきます。シンガーのアシャーナは、弾く前にまずハートにマレットを持っていきます。これもハートとボウルをつなぐおすすめの方法です。またアルケミーボウルの成分はとても密度の濃い液体です。手のひらにのせて弾く場合は、体を動かしながらボウルにも動きをつけてあげるといいでしょう。ボウルが喜びます」

アルケミーボウルは音を出さなくてもエネルギーを放出しています。ボウルの数が増えるごとにエネルギーも上昇し相乗効果を発揮します。それぞれがエネルギーを空間に放出し合うからです。またボウルを逆さまにすると、エネルギーのフィールドが平らになり寝ている状態になります。

「ガラスケースなどに収納している方がいらっしゃいますが、それではボウルの波動が伝わりません。ボウル自身も窮屈がります。常に空気の流れが感じられる環境を選んで置いてあげてください」

いずれにせよ、置いているだけではボウルにとって完全な活動状態とは言えません。ボウルは、弾いてこそ大きなパワーを発揮できるからです。

「ボウルの弾き方に決まりはありません。それぞれに合った弾き方があると思いますので、さまざまな方法を試してみるといいでしょう。違っていれば、ボウルが違うよって教えてくれます。常にボウルの声に耳を傾けるようにしてください。アルケミーボウルなら一個でも二つ以上の倍音を含んでいますので、クラシックのフロステッドボウルのようにチャクラに合わせてセットで揃える必要はありません。一個でも充分に楽しめます。さらに二個以上あれば楽しむ幅もグンと広がります。アルケミーボウル同士が調和しているかどうかは、体が自然に教えてくれます。この点は、音楽家にはなかなか理解できないようですね。合うはずがない音同士がけっこう合ったりしますから。アルケミーボウルの場合は、お互いの要素が引き合っているかどうかがポイントになるんです」

すでにお持ちのアルケミーボウルに合わせるのであれば、その場に持っていって実際に一緒に弾いてみるのがおすすめだそうです。

「いくつか揃えればそれだけ豊かな倍音を楽しめますし、体に与える効果もよりダイナミックになります。組み合わせによっては、バイノーラルビート（103頁参照）や第五ハーモニクス（96頁参照）を楽しむこともできます。まずはひとつお好みのボウルを手に入れて、ひとつずつ増やしていくのも楽しいと思います」

心強いモルフボウル

ところで、弾いてもいないのにアルケミーボウルが割れてしまったという話を聞いたことがありますが。

「その場合は、その時に何が起きたかをお聞きします。だいたい夫婦げんかの最中だったり、誰かが重い病気を抱えていたりなんらかの原因があります。でも、ボウルが割れた後はその場が浄化されてすごくきれいになるんです。夫婦げんかも病気もおさまります。車がひっくり返るような交通事故に遭ってボウルが全部割れてしまったのに、乗っていた本人はケガひとつなかったという話もあります。ボウルが身代わりになってくれたんですね」

アルケミーボウルは製造過程で組織体が変化しているため、割れてしまったボウルを再度溶かして再生することは不可能です。でも、つなぎ直して焼き直すことは可能です。これにはとても繊細な技術を要求されるそうです。

「そのよみがえったボウルを私たちはモルフボウルと呼んでいます。焼き直す前のボウルとは、性質も完全に変わってしまいます。なかには割れたというトラウマを背負っているからか、音がなかなか出ないボウルもあります。でも、対話をしているうちに必ず鳴るようになります。モルフボウルはどのボウルも立ち直った兵士みたいにとても心強いんです。組織的にも強くなりますし、経験を積んでいるせいか何があってもめげません。ですからモルフボウルばかりを狙って手に入れる方もいます。私の知り合いにもモルフボウルを手に入れて、落ち込んだ状態から立ち直った方がいます。日本人の完璧な目から見たら、傷物にすぎないかもしれませんね。でも、ボウルは見た目ではありません。ボウルそのものが持つエネルギーが重要なんです。私もどちらかというとモルフ派。まんべんなくきれいなボウルより、ついつい癖のあるものばかり選んでしまいます」

楽しみな日本でのアルケミーボウルの活躍

「クリスタルボウル用の大きなテンプルがソルトレイクにあります。アルケミーボウル用の部屋が完成した時に千個ほどのボウルを運び入れ、そのまま伏せて寝かせておきました。そしてレイアウトが決まった段階でいっせいに起こしました。その後、隣の事務所で休んでいたら、その部屋から〈バーン！〉とものすごい音が聞こえてきたんです。びっくりしたウィリアムたちがのぞいたところ、部屋の四つ角のそれぞれに侍の格好をした人物が立っていて、いっせいに刀の柄《つか》を東西南北に向けてドンドンと床にたたきつけて消えていったそうです。ウィリアムによると、ボウルを守るために侍たちが場所の浄化にやってきたとのことでしたが、その理由はわかりません。でもその話を聞いて、アルケミーボウルと日本とのつながりを強く感じました。なぜなら、ボウル普及のためにさまざまな国を訪問していますが、日本ほどアルケミーボウルにこだわりを持っている方が多い国はないからです。一番理解してくださっているのも日本のファンのみなさんです。日本人はエネルギー的にも繊細ですし敏感ですから、アルケミーボウルの波動を受け入れやすいのかもしれませんね。ボウルも日本人が好きなようです」

その点については、ポールも同じ意見でした。いずれにしても、「クリスタルボウルはひとつの生命体です」と言い切った礼子さんの言葉を裏付けるようなお話の内容でした。その生命体が今後、日本にどのような影響をもたらすのか。ちょっと楽しみなクリスタルボウル事情でした。

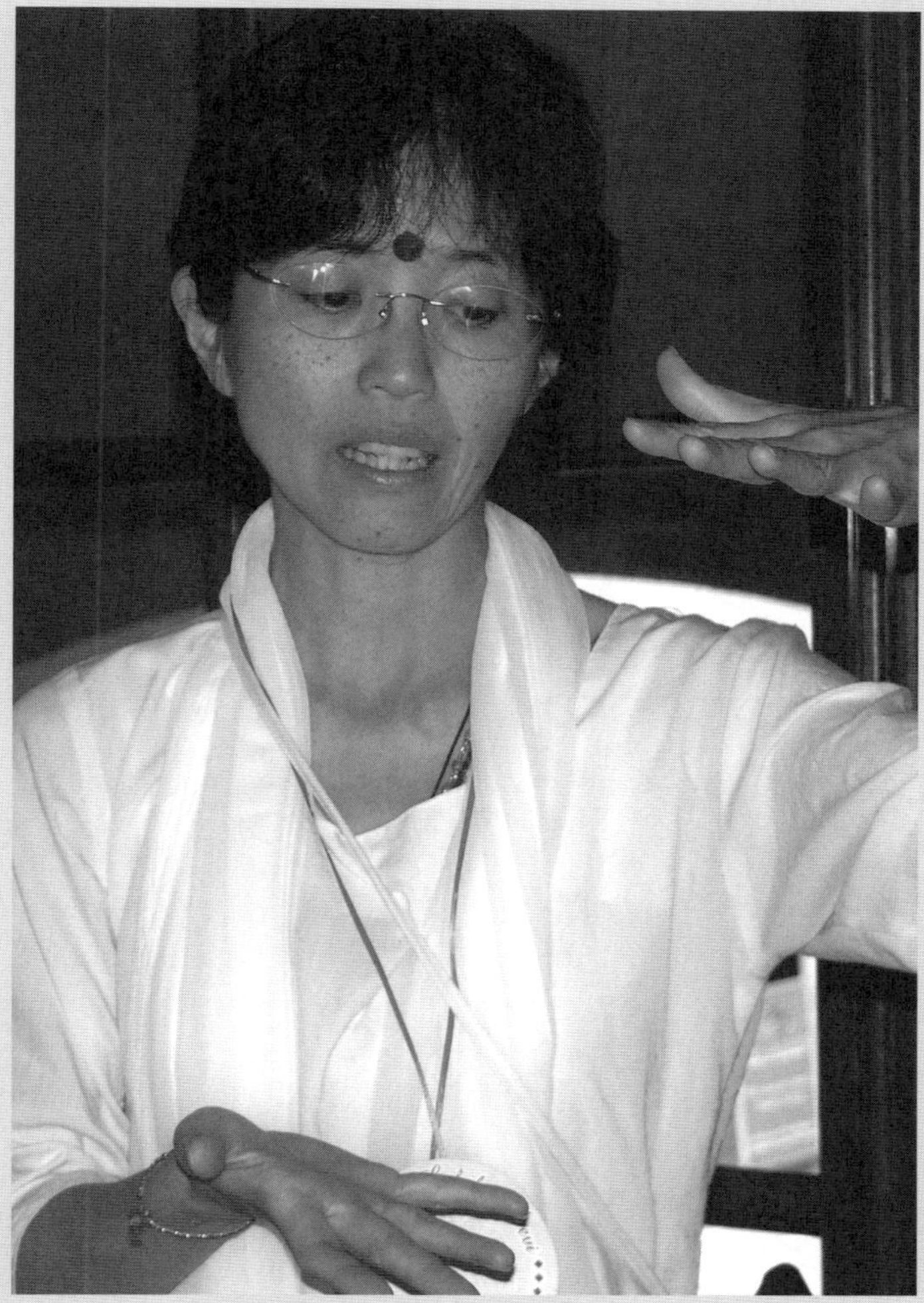

礼子さんを最初に虜にしたのは、完成したばかりの可愛い7インチのローズクォーツのアルケミーボウルでした。それから8年。今ではマスターアルケミストとして、世界各地でクリスタルボウルのワークショップを展開するようになりました。

礼子・デューイのワークショップ

二〇〇九年六月。日本で開催された礼子さんのワークショップに参加しました。そこで最後に披露されたのが、アルケミーボウルと水晶を使ったヒーリングです。まずはチャクラごとにそれぞれにふさわしい水晶を並べ、さらにアルケミーボウルの音を加えていきます。当日のボウルプレイヤーは五人。豊かな倍音が重なり合って、かなりの迫力でした。ヒーリング後の被験者と見学者の感想をご紹介します。

被験者　ボウルが鳴ったとたんに、自分の中に白い光がスーッと入ってきました。途中から水晶からもエネルギーが入ってくるのが分かりました。手がすごく熱くなって、体がパンパンになりました。

見学者　ボウルの音とともに、水晶が輝き出しましたよね。

礼子　ボウルの振動音が水晶を揺り動かしたんです。水晶には声がありませんから、ボウルの音がうれしいんです。ボウルも水晶が大好き。やはり同じ仲間だからでしょうね。

見学者　私も水晶を使ったヒーリングをやっていますが、ボウルが加わると活性化も速いようですね。

礼子　水晶のエネルギーが体内に浸透するにはけっこう時間がかかるんです。でも、ボウルの振動音は瞬時に体内に浸透します。その振動音に便乗して水晶のエネルギーも入りやすくなるんです。

被験者　体内の成分と水晶の成分が似ていることを実感することができました。ボウルの振動音が背骨を通して全身にジンジン響きました。

礼子　その他にもさまざまなヒーリング方法がありますが、ボウルの振動音を加えることにより、より大きな効果が得られるのは確かですね。鍼灸《しんきゅう》や整体などにもおすすめです。気の入り方が全然違ってきます。ミッチェル・ゲイナー博士は、一五分ほど治療の前にボウルを患者に弾いてもらっていますが、精神的にも効果的です。なかにはそれをきっかけにボウルを手に入れる方も多いそうです。ボウルのエネルギーは、習慣にするほど体に浸透しやすくなります。

見学者　私も毎日のようにボウルを弾いているせいか、若返ることができました。検査の結果、肉体年齢が以前より一〇歳ほど下がっていたんです。

礼子　元気になったとか若返ったという話はよく聞きます。体内の波動が上がってホルモンが活性化するからです。ホルモン系に特に効果的なのは♯系のボウルです。性器官とアドレナリンにはド♯。脾臓にはレ♯。胸腺にはファ♯。甲状腺と下垂体と松果体にはソ♯。若返りには、これらのボウルがおすすめです。

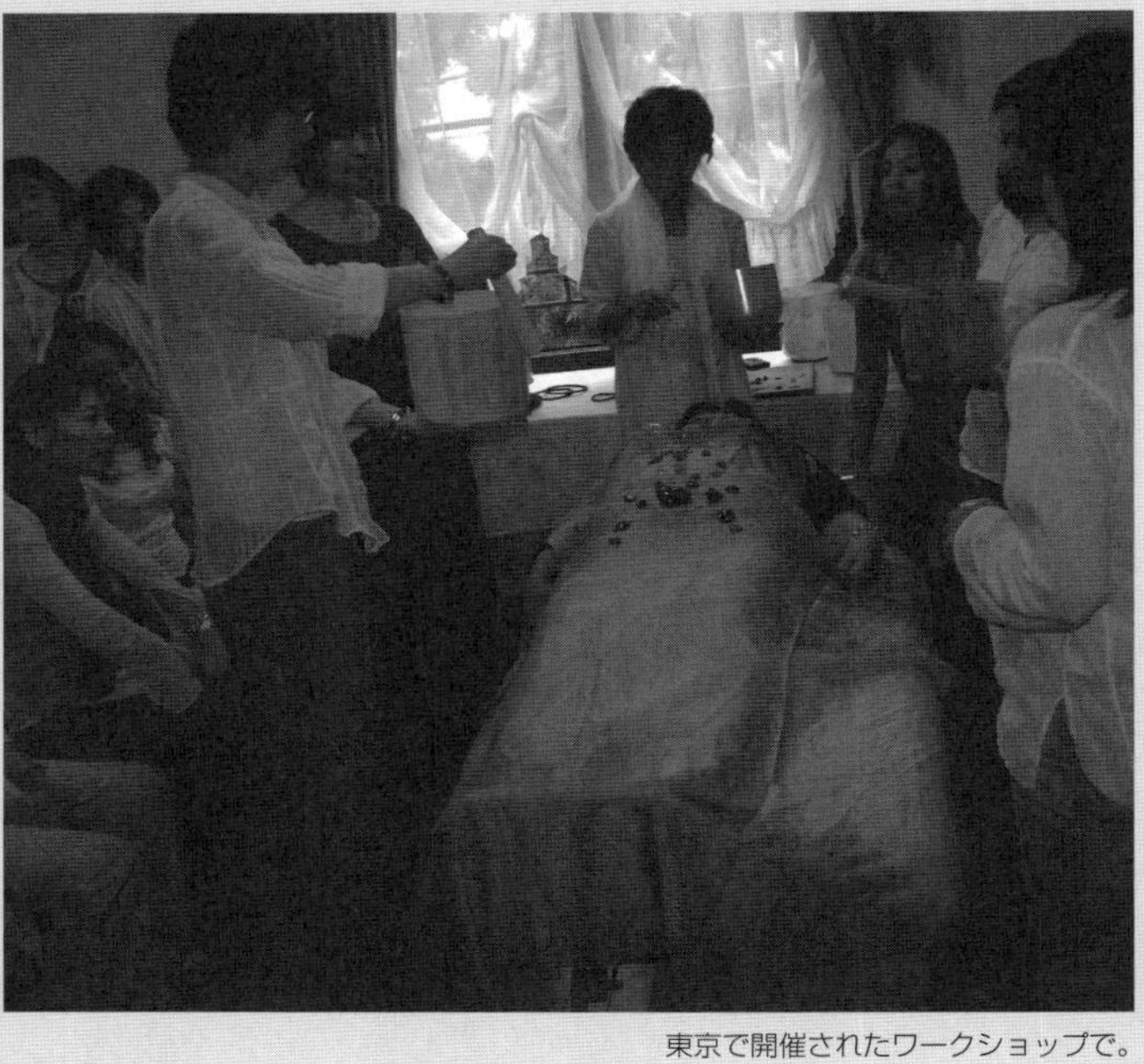

東京で開催されたワークショップで。

第3章

クリスタルボウルは進化する

豊かな倍音がもたらすダイナミックな音の世界

クリスタルボウルは第三世代とも言えるアルケミー・クリスタルボウルの誕生により、音響的にも大きく飛躍しました。その鍵を握るのが豊かな倍音です。その驚くほど美しい音色に惹かれ、日本でもコンサートやライブに足を運ぶファンも急増しています。進化を続けるクリスタルボウル。その音の魅力を、日本におけるボウル奏者の第一人者である牧野《まきの》持侑《じゅん》さんにお聞きしました。

まだ未知の世界だったクリスタルボウル

牧野持侑さんがクリスタルボウルと出会ったのは、一九八五年。クリスタルボウルがアメリカ国内で販売されはじめた頃のことでした。

「カルフォルニア州のサクラメントで、いわゆるニューエイジ系のエキスポが年に数回開催されていました。そこに一〇個ほどのクラシックのフロステッドボウルが展示されていたんです。集まってきた数人がその白い器の縁を棒のようなものでまわして音を出していました。初めて耳にする宇宙的な音でしたね」

当時のアメリカと言えば、ニューエイジと呼ばれるさまざまな思想やライフスタイルが渦巻いていた時代。牧野さんもサクラメント郊外でマクロビオティックのレストランを経営するかたわら、休みを利用してはさまざまな展示会に足を運んでいました。

「当時は展示会場の雰囲気もヒッピー世代をそのまま継承しているような感じでした。インドやチベットの宗教も入り込んでいましたし、渾然としていましたね。ちょうどスピリチュアリズムが産声をあげようとしていた時でした」

シンガーソングライターを目指していた牧野さんが、日本の音楽の世界では飽きたらずにアメリカに向かったのは一九七四年のこと。二四歳の時でした。その後、一時は帰国したものの、魂の音を求めて再びアメリカへ。そこで牧野さんを待っていたのは、一九七八年のロンゲストウォークでした。ネイティブアメリカンの居留地域内での地下資源採掘に反対するための大陸横断行進で、西海岸のサンフランシスコから東海岸のワシントンまでをネイティブアメリカンたちと共にひたすら歩き続けました。

「毎日がキャンプ生活。一日の行程を終えるとテントを張り食事です。それが一段落すると、ネイティブアメリカンたちが太鼓をたたき出すんです。その音に合わせて全員で唄い踊りました。その魂に響く音や叫びを聞いているうちに、日本人としての何かが目覚めたんでしょうね。自分のルーツに根ざした魂を揺さぶるような日本の音を追求したいって思うようになったんです」

再び帰国した牧野さん。北海道から沖縄までの日本版ロンゲストウォーク開催に関わる一方で、関心のあったマクロビオティックの勉強も始めました。そんな時に偶然出会ったのが、『虚鐸《きょたく》』という二尺六寸（七八センチ）もある尺八のLPレコードでした。

「普化宗《ふけしゅう》の虚無僧たちが吹いていた五〇〇年以上前の曲も収録された古典だったんですが、まさに僕が探していた魂を揺さぶる伝統の音でした。もちろん、師匠を捜してすぐに弟子入りしました」

その師匠が松本光司先生でした。牧野さんは松本先生の元で尺八を四年間にわたり学びます。その後、以前から学んでいたマクロビオティックの知識が仕事につながり、一九八三年に再びアメリカへと向かうことになるのです。

「数年間のマクロビオティック関連の貿易の仕事を経て、その後、当時のパートナーと共にマクロビオティックのレストランを開店しました。その頃からですね。だんだん関心がスピリチュアルな世界に移っていったのは」

そして出会ったのが、展示会に出品されていたクリスタルボウルでした。

クリスタルボウルの音に導かれて

「その場で一個購入しました。その時点ではセットにもなっていなかったので単品扱いです。キーを揃えるために、その後も少しずつ増やしていきました。当時の説明は、リラクゼーションの状態に導くとかチャクラの状態を良くするといった簡単なものでした。弾き方を教えてくれる人もいませんでしたし資料もありませんでした。使用目的もすごく曖昧でしたね」

当時の牧野さんにとっては、クリスタルボウルも楽器の一種。笛をはじめフルートや尺八に新たにクリスタルボウルが加わっただけのことでした。その気持ちにだんだん変化が出てきたのは、カルフォルニア州北部のシャスタに住まいを移してからでした。

「レストランでディナーの仕込みをしている時に、パートナーが突然、『シャスタ山のパンサーメドウでキャンプをしなさい。ギフトが待ってるから』っていうメッセージが聞こえたって言うんです。たまたまその週末は三日間の連休でした。それで車にキャンプ用具を積み込んで行ってみたんです」

パンサーメドウで焚き火をしながらの瞑想が、パートナーにはスピリチュアルネームを、牧野さんには意識の変容をもたらします。レストラン開店から三年目のことでした。それから一年。二人はシャスタに住まいを移します。移ると決めたとたんに住まいもすぐに見つかりました。しかし片田舎のシャスタで仕事を見つけることは難しく、自営で何かを始めるしかありません。そこで日本の旅行代理店と組み、日本人を対象にした「ネイティブアメリカンツアー」や「ペルー・シャーマニックツアー」の企画・ガイドをスタートします。とは言え、ツアーは年に数回だけ。ほとんどの日々をシャスタで過ごしていました。

「家のリビングの窓からパノラマのように見えるシャスタ山や雲の動きを眺めながら、クリスタルボウルをよく鳴らしていました。そのうちボウルを使ったコンサートやヒーリングをやりたいという気持ちになっていったんです」

当時のアメリカでは、音を使った癒しが何かと話題になっていました。それらにも刺激を受けていたという牧野さん。でも、クリスタルボウルに関してはまだまだ未知の世界でした。

「音の持つ癒しのパワーは、ネイティブアメリカンのメディスンマンやペルーのシャーマンとの交流を通して何度も体験していました。人の心や病気を癒す場合にも、必ず声や楽器の音が使われていましたから。その場で変容してしまった人にも何度か出会いました。その光景が僕の頭から離れなかったんです」

クリスタルボウルなら何かできるかもしれない。牧野さんの音への執着が、まだ観光地化される前の静かなシャスタ山の麓でふつふつと目を覚ましはじめていました。そんな時に舞い込んできたのが、オレゴン州の健康食品関連会社からの日本支部を設立しないかという誘いでした。里心を抱きはじめていた牧野さん。さっそく帰国を決心し、東京に事務所を開きます。一九九六年のことです。しかし、ほぼ無名のアメリカの健康食品を日本市場に売り込むことは至難の業。おまけに豊かな自然の中で暮らしここにすっかり慣れていた牧野さんにとって、突然の東京の暮らしは苦痛の連続で、音に親しむことだけが唯一の癒しでした。そんな折り朗報が訪れます。牧野さんのツアーに参加した会社の社長がその商品を気に入り、すべてを引き受けてくれることになったのです。牧野さんも気分一心。自分がやりたかった「音を使った癒し」へ向けて行動を開始します。

「以前にお会いしたツアーの参加者の中にクリスタルボウルを持っていらっしゃる方がいて、しばらくのあいだ日本を留守にするからって一〇個ほど貸してくださったんです。僕のボウルはそのままアメリカに置いて帰国しましたので、うれしかったですね。さっそく地方で小規模のコンサートを開催しました。でもクリスタルボウルはまだまだ珍しい存在でしたから、歌や笛なども織り交ぜたコンサートです。聴きにきてくださった方も、ボウルをネイティブアメリカンのフルートと同じような感覚で受け入れていたようでしたね」

ウィリアムとポールに出会う

その後もコンサート活動は続き、クリスタルボウルも少しずつその存在を知られていくようになります。そのうちコンサートを聴きに来たお客さんの中から、個人でのボウル購入を希望する人も出てくるようになりました。そこで牧野さん自らがボウルを輸入しディストリビューターとして販売するようにもなりました。

「当時はテキサスのディストリビューターと取り引きしていました。でも、対応がいまいちだったので、自分で調べてクリスタルトーンズ社に連絡を入れました。二〇〇一年頃だったと思います。そこからですね。ウィリアムとポールとのお付き合いが始まったのは」

当時はクリスタルトーンズ社でも、まだ第二世代のウルトラライトシリーズやクリアボウルしか販売していませんでした。

「それでもすごいと思いました。それまでのクラシックのフロステッドボウルとは倍音の広がりがまったく違っていたんです。フロステッドボウルの場合はコーンとたたいてすぐに音が終わってしまいますが、クリアボウルにはたたいた後から広がる世界があったんです。その点は、自分が体験してきた他の楽器とも大きく異なる点でしたね」

二〇〇三年にはリーニー・ブローディー著の『クリスタルボウル・ヒーリング』の翻訳本も自ら手がけ、牧野さんはますますクリスタルボウルにのめり込んでいきます。

「原作を読んで、二〇〇一年にご本人に会いに行ったんです。数日間泊まって、彼女のワークショップやヒーリングを体験させていただきました。当時で八〇歳を越える高齢にもかかわらず、素晴らしいオーラを感じさせてくれる方でした。これがクリスタルボウルの威力なのかもしれないと思いましたね。その時に彼女に翻訳を頼まれたんです。クリスタルボウルをぜひ日本の方たちにも紹介してくださいって」

出版を機に、二〇〇三年には南伊豆の自宅敷地内にヒーリングスペース「くりすたり庵」を開設した牧野さん。クリスタルボウルを使ったヒーリングやワークショップも本格的にスタートしました。

「リーニーのクリスタルボウルを使ったヒーリングは、音と一緒に色と光を使いながらチャクラのバランスを整えていくんです。彼女独特のアプローチですね。音楽的なことはいっさい語りません。語るとすればエネルギーの観点からでした。彼女が使っていたのはクラシックのフロステッドボウルでしたが、ピッチ（音高）もしっかり合っていました。その後、リーニーもウルトラライトやクリアのボウルにすべて切り換えています。音の透明感と鈴のような波動が気に入ったそうです」

感動に震えたアルケミーボウルとの出会い

クリアボウルに加え、牧野さんをさらに喜ばせることになったのが、二〇〇三年のアルケミー・クリスタルボウル（以下、アルケミーボウル）との出会いでした。

「僕がずっと探していた音はこれだったんだって思いました。クリアボウルの時も音響的にはある程度ブレイクしたんですが、そこから二段も三段も音響のレベルが上がっていたんです」

アルケミーボウルには、基本となる基音の他にオーバートーンとも呼ばれる複数の倍音が含まれています。牧野さんを圧倒したのは、この倍音の素晴らしさでした。

「例えば一二インチ以上のボウルには、基音の他に三音の可聴倍音が含まれています。アルケミーボウルが来てからは、僕の演奏方法もずいぶん変わりましたね」

牧野さんの演奏方法は独特です。コンサート会場には、三〇個以上のアルケミーボウルが並び、それぞれのボウルの基音と倍音が微妙に重なり合いながらダイナミックに広がっていきます。

「音には下のドから上のドまで一三音あります。普通の演奏の場合は、その一三音全部を揃えるのが一般的だと思いますが、それだと音楽的になりすぎて全然面白くない。僕の場合は、ドの音だけでも数個使います。もちろんサイズや種類は異なりますが、重点的に同じ音をいくつか弾くことで、倍音を少しずつふくらませていくんです」

牧野さんによると、アルケミーボウルの場合は全音を使うよりも、微妙に周波数が異なる音同士を一セットか二セット使うほうが倍音の広がりも豊かで、より深く振動音が体内に浸透するためヒーリング効果も高まるのだとか。

「いわゆる第五ハーモニクスなども意図的に加えています。より高揚された共鳴音を創り上げることができますからね。おすすめはドとソです。地球に存在する風や波などの自然音は圧倒的にドとソが多いんです。だからより心地よい音響になるんですね」

ちなみに第五ハーモニクスとは、高次元への扉を開く音とも言われ、教会音楽などによく登場します。ドとソ、レとラなどというように五つ離れた音階のボウルを同時に弾くことによって得られるハーモニクスで、心地よい癒しや変性意識をもたらします。変性意識とは日常とは異なる意識状態で、宇宙との一体感や大きな至福感を伴うことも。人によっては世界感が一変するほどの強烈な衝撃を受けることもあります。

「アルケミーボウルは楽器でもありますが、いわゆる普通の楽器ではありません。倍音が長く響きますからピッチがとりにくい。音楽から入ってくる人は、そこらへんが気になって使いこなせない人が多いみたいですね」

ダイナミックな倍音の響きを各地に届けるために

アルケミーボウルの登場で、牧野さんのコンサートに向けての負担も大きく軽減しました。数や重さに縛られることがなくなったからです。

「クラシックのフロステッドボウルの場合は倍音がほとんど出ません。ですからチャクラに合わせ七個以上のボウルが必要でした。それだけの数となると、重量もあるし移動だけでも大変です。その点、アルケミーボウルは軽量ですし倍音を含んでいますので、一個のボウルでも複数のチャクラに作用します」

コンサートの開催地も徐々に拡大していきました。お寺でのコンサートが多いのも、牧野さんならではの特徴です。

「もともとお寺には鐘もおりんもありますから、ボウルに対する違和感もありません。ボウルの音もお寺に合うんです。そんなことから本堂を貸していただくようになったんですが、いざフタを開けてみたら、クリスタルボウルについては何も知らない方でも結構足を運んでくださいました。そのうち口コミで広がって、各地のお寺で演奏する機会が増えていったんです」

今では自ら枕や膝掛けを持ち込んで演奏を聴きにくる高齢の方々に加え、若い年齢層のファンも増えてきました。それぞれが横になったり、あぐらをかいたりと思い思いの姿勢で演奏に耳を傾けている姿がなんとも微笑ましい限りです。

「本来お寺はそういう癒しの場だったんです。住職もお坊さんも喜んでくださっています。僕のコンサートのコンセプトは倍音のシャワーをたっぷりと浴びてもらうことですから、思い思いの姿勢で聴いてもらうのが一番。それぞれがすがすがしい笑顔でお帰りになりますね」

アルケミーボウルがもたらす「天球の音」

「アルケミーボウルの音は高齢者にとっては心安らぐ音でもあるみたいですね」と牧野さん。

つい先日も知り合いの九七歳の老人が牧野さんのボウルのＣＤを聴きながら亡くなりました。おしゃべりをしながら娘さんが差し出したプリンを食べて横になった後に、手をさしのべ「あ、光が……」とつぶやきながらそのまま亡くなったそうです。その顔は至福の笑顔だったそうです。

「僕は『倍音浴』とか『睡眠浴』というシリーズでＣＤを作っているんですが、最終的には

『永眠浴』というＣＤを作ろうと思っているんです。僕もボウルの音を聴きながらあの世に行けたらなと思っていますから。ボウルの音は、この世とあの世をつなぐ橋渡しの音なのかもしれませんね。宇宙で鳴っている音に非常に近い音なんだと思います」

アルケミーボウルの音は、人間の可聴能力の二万ヘルツをはるかに超える六万ヘルツ前後の超高周波が確認されています。こうなると、もう猫や犬の聴力でなければ聴こえません。それを裏付けるように、牧野さんがボウルを弾きはじめてしばらくすると、遠くの方で犬が鳴き出します。

「まさにピタゴラスが語った『天球の音』ですよね」と牧野さん。

紀元前の古代ギリシャの思想家でもあり数学者であったピタゴラスは、「それぞれの惑星が回転しながら固有の音を発し、太陽系全体で和音を奏でている」と語っています。ピタゴラスは音楽を癒しに取り入れた最初の人物でした。

ちなみに牧野さんのＣＤ製作のきっかけは、音楽プロデューサーの磯田秀人さんとの出会いがあったからでした。それは二〇〇四年八月のこと。友人に誘われて牧野さんのコンサートに訪れた磯田さんは驚くほどの体験をします。当時の磯田さんは、二カ月間にも及び「良性発作性頭位めまい」に毎日悩まされていました。そのめまいが、牧野さんの演奏を聴いた翌日にピタッと止まったのです。その後、南伊豆の「くりすたり庵」を尋ねた磯田さん。そこで牧野さんのサウンドセラピーを受け、生まれて初めの変性意識を体験しました。そして、磯田さんと牧野さんコンビによるＣＤ制作がスタートしたのです。

アルケミーボウルと日本の倍音文化

アルケミーボウルに変えてからは、一般のコンサート会場に訪れる客層もずいぶん変わりました。音楽関係者はもとより、鍼灸師、整体師、さらには医者やヒーラーといった専門的な職業を持つ方々が増えています。そのそれぞれが、ボウルの音をなんらかの形で仕事に取り入れたいと思っているのかもしれません。それにしてもアルケミーボウルの音がなぜこんなにも日本で愛されるのでしょう。

「その答えは、やっぱり豊かな倍音を含む音響でしょう。同じお経でも、倍音を含んでいるお坊さんのお経は心地がいいんです。もちろん、倍音を意識しているお坊さんはいません。響きの良い発声は、長年の修行や読経を通して喉《のど》の筋肉を鍛えた結果にすぎないからです。それにもともと母音が基本の日本の言語は倍音のかたまりです。ですから日本人は倍音が出しやすい。いわゆるチベットやモンゴルなどの倍音文化が、日本に入ってきたまま残っているんです」

牧野さんによると、歌舞伎や落語をはじめ、昔の物売りも倍音を含んだ響きの良い発声が基本で、その素晴らしい見本が浪曲の名人であった広沢虎造だとか。最初から最後まで素晴らしい倍音を響かせているそうです。

「そのためでしょうか。日本ではアルケミーボウルの音が嫌いだっていう方にお目にかかったことがありません。それに基本的に軽くコーンと鳴らした音は、自然界に存在する風の音や鳥の鳴き声に近い。邪魔にもならないんです」

牧野さんが倍音の素晴らしさに目覚めたのは、サンフランシスコのお寺でカギュー派のお経を習った時でした。

「いわゆる西洋音楽ではあまり強調されない声の出し方なんです。西洋の発声法が喉を開けるのであれば、倍音の発声法は喉を閉める。ギューっと閉めて絞り出す。モンゴルのホーミーもトゥバのホーメイも同じ発声法です」

モンゴルのホーミーやトゥバのホーメイは倍音の発声法にも数種類があり、超低音から人間の可聴能力を超える二万ヘルツ以上の超高周波音までさまざまです。

「アルケミーボウルもホーミーやホーメイと同じことが言えます。ボウルを弾くと、人間の可聴領域をはるかに越えた倍音と可聴領域の倍音が渾然一体となって共鳴します。これがさきほどの『天球の音』と言われる所以ですが、まさに風の音から天空の音までのすべてが含まれているんです」

アルケミーボウルが脳波と意識を活性化する

人間の脳は振動しながら周波数を発しています。この周波数もヘルツという単位で表すことができます。さらに脳に良い影響を与える特定の周波数が存在することもわかっています。それが〇・五から二〇ヘルツの周波数を持つ特定の音で、牧野さんはサウンドヒーリングの第一人者でもあるジョン・ビューリ博士の理論を基に、意図的にこれら特定の周波数を作り出しています。

「ボウル同士の周波数の差を利用するんです。例えば一〇ヘルツ前後のアルファ波のうなりの出る二個のボウルを弾いた後に、八ヘルツ前後のうなりが出る二個のボウルを弾きます。そのまま四から七ヘルツのシータ波の出るボウルを組み合わせることによって、うなりや差音を作り出していきます。人間の可聴領域は二〇ヘルツですから音そのものはほとんど聴こえません。でも、脳波に音響同調化を引き起こします。音響同調化はサウンドヒーリングには欠かせない重要な要素で、深いリラクゼーション効果をもたらします。例えば、八ヘルツから一四ヘルツの音であれば、リラックス状態に導くアルファ波を引き起こします。音として区別することはできませんが、漠然とした響きとして感じることはできます。いわゆるバイノーラルビートと呼ばれる現象です。異なる周波数を左右の耳に聴かせることによって、共振した振動数のビート音が脳内で発生する現象で、ウォンウォンという響きとともに脳に音響同調化を引き起こし、刺激を与えてさまざまな良い効果をもたらすと言われています。超心理学者として有名なロバート・モンロー博士が考案したヘミシンクもこれと同じ効果をもたらします。モンロー博士の場合は、五ヘルツの周波数の違いをつけた音をそれぞれ左右のヘッドホンから聴くというものでした。この点が大きく違うんです。アルケミーボウルならヘッドホンも必要ありません。〇・五から二〇ヘルツの差音を自在にコントロールすることによって、音全体が体に入ってきますから」

ボウルによっては一個でシータ波くらいのうなりが出ます。さらに周波数が似通った二個のボウルを使えば、より簡単にリラックス状態に導くことが可能になります。牧野さんがドの音を数個使うのも、このうなりを作るため。グループごとに分けた差音を基本にコンサートやCDのレシピも作っています。まさにアルケミー。錬金術の世界です。

「常に外界の刺激の強い音の中で過ごしていると、平穏な生活を維持するのは難しいと思いますね。ひずみが出てくる。そういう時には一歩下がってゆっくり深呼吸をして、心に響く音に耳を傾ける。そういう状態が必要なんです。アルケミーボウルなら、そういった状態を簡単に作り出すことができます。聴いた後は顔まで違ってくるんです」

牧野さんが実際に病院で実験してもらったところ、アルケミーボウルの音の効果が血流検査にもはっきり出ていたとか。

「毛細血管を映し出したパソコンの画面を見せてもらったんですが、聴く前はチョロチョロくらいの血流だったのに、音がコーンと入ったとたんに活発に流れ出したんです。ああ、こういうことが体のあらゆる細胞でも起きているんだなって実感しました。事実、私たちの体の七〇パーセント以上は水分ですから、いろんな意味で影響されているのは確かでしょうね」

さらに進化を続けるクリスタルボウル

「アルケミーボウルの倍音を強調すると、ダイナミックな世界が自然にできあがってきます。これは天下無敵です。ウィリアムとポールの努力の成果ですね。彼らのこういうものを作りたいという意識がきちんと商品に反映されています。しかもその意識を反映する製造技術も着実に向上しています。音もより深淵になってきましたし、時代に即した新しいボウルが着実に生まれています」

新しいボウルが誕生したと連絡が入るたびに、ワクワクするという牧野さん。ボウルの進化を確認できるのも、牧野さんにとっては喜びなのでしょう。ここ数年は、水晶に貴金属やジェムストーン、鉱物などを混合したアルケミーボウルに加え、二種類以上の素材を混合したアルケミー・ミックスやプラチナなどを配合したアドバンス・アルケミーなども誕生し、素材的にもさらに一歩進化しています。数年前には牧野さん自らが最高品質の備長炭を混合したチャコールのアルケミーボウルを考案し、クリスタルトーンズ社に製造してもらいました。

「チャコールは男性性と浄化をもたらします。力強い素晴らしい音が出るんですよ。次は竹炭のボウルを製造してもらおうと思っています」

アルケミーボウルを医療現場にも

現在の牧野さんの活動は、年間五〇回ほどのコンサートやライブに加え、ボウルのワークショップやサウンドセラピーも行っています。

「コンサートは毎年恒例のイベントとして開催するものが増えてきましたね。北海道は大好きな場所で、この四年ほど小規模のツアーを毎年開催しています。札幌の『響きの森クリニック』ではアルケミーボウルを取り入れた医療がまもなくスタートします。その他にも、待合室や診療室で僕のCDを流している病院がいくつかあります。音のもたらすさまざまな効果が医療の世界にもっともっと受け入れられるようになればうれしいですね」

二〇〇八年には、新たな拠点として熱海にもテンプルを設けた牧野さん。ところで、牧野さんが目指す音とは？

「仏教では一音で成仏できるって言われています。僕が求める究極も一音成仏の世界です。その音に出会うのは、まだまだ先のことかもしれません。音の探求には終わりがありませんから」

ひとつの楽器にすぎなかったクリスタルボウルが、次第に欠かすことのできない存在に変わっていったという牧野さん。それは、心に響く音探しの延長でもあったのでしょう。

東京池上の實相寺で開催されたコンサートでの1シーン。2007年12月28日撮影。
写真提供：(株)ピンポイント

熱海のテンプル内部。

第4章

クリスタルボウルを楽しむ

基本的な弾き方と日常での活《い》かし方

ここ数年は、日本でもプライベートで楽しむアルケミー・クリスタルボウルの愛好者が急増しています。鮮やかな色合いと豊かな倍音。片手で持てる手軽さ。さらにはそれぞれのボウルの素材が持ち合わせているエネルギー。これらが、多くの人々を惹きつけているのでしょう。ここでは、アルケミー・クリスタルボウルをより身近に楽しむための基本的な弾き方と日常での活かし方をご紹介します。

アルケミーボウルの選び方

アルケミー・クリスタルボウル（以下、アルケミーボウル）の選び方は十人十色。音が基準だったり、素材や色、あるいはチャクラが基準の場合もあります。

・素材と色

アルケミーボウルは、九九・九九九二パーセントの水晶に貴金属やジェムストーン、鉱物、金属などの素材を混合したボウルです。アルケミーボウルという名前の由来も、錬金術のようなその製造工程にあります。さらにここ数年は水晶に二種類以上の素材を混合したアルケミー・ミックスやプラチナなどを配合したアドバンス・アルケミーも誕生しています。基本のアルケミーボウルの詳細は、付記「クリスタルボウル一覧」（216〜234頁）でご紹介していますので、そちらをご参照ください。

・形

アルケミーボウルは基本的に平底、丸底、プラクティショナーの三種類があります。プラクティショナーは取っ手付きのボウルで、施術用に考案されたものです。また聖なる幾何学に基づいて製造されたバイボウルやサテライトボウルといった独特な形のボウルもあります。いずれもそれぞれにメリットがあり、これもそれぞれの好みによります。

・サイズ

基本的なアルケミーボウルのサイズは直径によって異なり、六インチから一二インチまで揃っています。一インチは二・五四センチですから、一番大きいサイズで直径三〇センチほど。そのサイズでも、片手で持つことができます。また、同じ六インチひとつを例にとっても、それぞれの大きさに微妙な違いがあります。それが工業製品にはないアルケミーボウルならではの個性です。

・音

ボウルのサイズがボウルの音を決定するわけではありません。それぞれのボウルはデジタル技術によってその音を測定されています。ド、ド♯、レ、レ♯、ミ、ファ、ファ♯、ソ、ソ♯、ラ、ラ♯、シまで全音揃っていますが、さまざまな要素の違いによっ

●基本の形

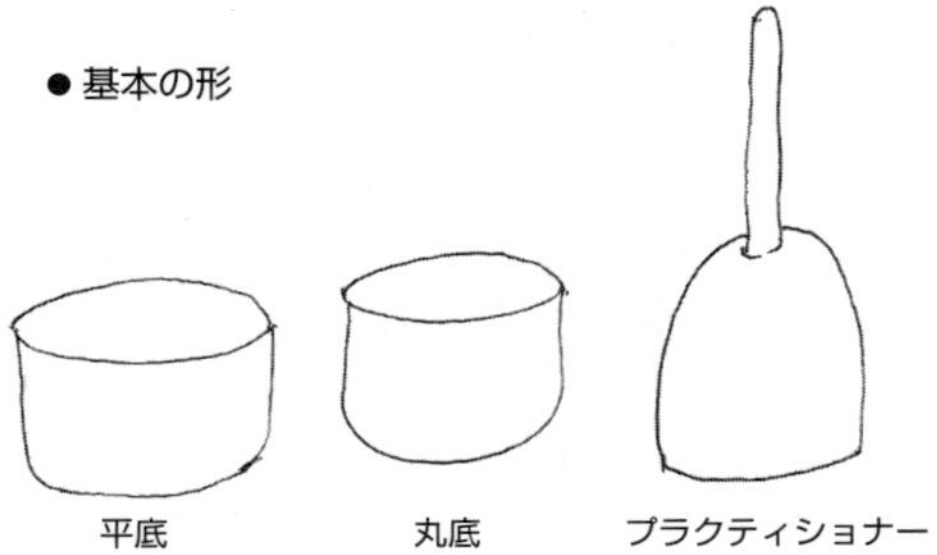

て同じドでも音響的に異なります。また、それぞれの音はチャクラに対応しています。特定のボウルは特定のボウルと共鳴し合い、それらを同時に弾くことによって、素晴らしい相乗効果をもたらします。なかでも周波数の近い二つの音を聴いた場合に生じるバイノーラルビート（周波数の差によって生まれる周波数）は、深いリラクゼーションをもたらすだけでなく、脳に刺激を与えて学習効果を高めるなどのさまざまな効果が認められています。また、音のもたらす癒し効果が、ストレスの軽減や快眠、意識の明確化などをもたらします。

・チャクラ

宇宙が渦巻くエネルギーの輪で構成されているのと同じように、私たちの人間の核の部分には七つの渦巻く輪のようなチャクラと呼ばれるエネルギーセンターがあります。ここでは、生命エネルギーを受け取ったり、消化したり、伝達したりしています。また繊細なエネルギーを振動に変えることによって密度を高め、しっかりとした物質として固定化させる働きもあります。いわば体内を流れるエネルギー経路のようなもので、医療の分野でもその存在が認められています。次頁の表は七つチャクラの位置や働きとそれぞれのチャクラに対応する色や音を簡単に表したものです。

● 基本のチャクラと対応する色や音

チャクラ名	位置	元素	テーマ	権利	色	音
第１ ルート	脊柱の ベース	地	肉体的 ニーズ	所有する	赤	ド
第２ 仙骨	下腹部	水	性 & 感情	感じる	オレンジ	レ
第３ 太陽神経叢《そう》	みぞおち	火	力 & 活力	行動する	黄色	ミ
第４ ハート	ハート	空気	愛	愛する	緑	ファ
第５ 喉《のど》	喉	音	コミュニ ケーション	話す	青	ソ
第６ 第3の目	額	光	直感	見る	インディゴ	ラ
第７ クラウン	頭頂部	思考	理解	知る	薄紫	シ

● チャクラの位置

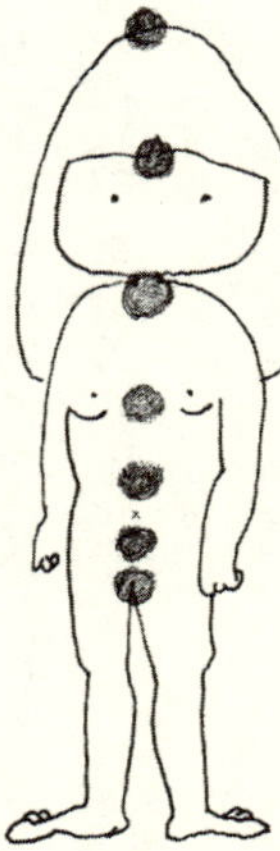

第７チャクラ（クラウン）

第６チャクラ（第３の目）

第５チャクラ（喉《のど》）

第４チャクラ（ハート）

第３チャクラ（太陽神経叢《そう》）

第２チャクラ（仙骨）

第１チャクラ（ルート）

アルケミーボウルの弾き方

アルケミーボウルは、弾く人の意識や想念といったさまざまな思いを素直に反映します。それだけボウルが進化しているからです。ボウルを弾く前にまずセンタリングし、意識を集中しましょう。邪気のない素直な気持ちになることが大切です。その素直な気持ちのままボウルに自分自身を委ねてください。もちろん優しくが鉄則です。

1 平底・丸底のボウル

アルケミーボウルは手のひらにのせて弾けるようにデザインされています。ボウルの振動をより実感できるからです。手のひらにのせる場合は、少しそらし気味にしてください。握り気味だと音がこもってしまいます。また、指がボウルの側面に触れると、ボウルの振動を吸収して音を止めてしまいます。床やテーブルにゴム製の丸リングを置き、その上にボウルをのせて弾くのもおすすめです。

● 用意するもの

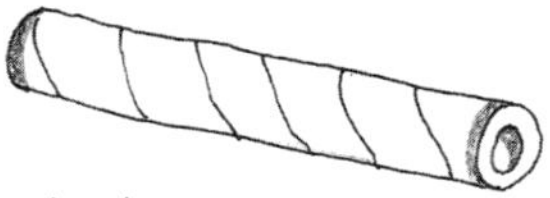

マレット
（スウェードが巻かれています）

ゴム製の丸リング
（ボウルを床やテーブルに置いて弾く場合に必要です）

ボウルはマレット（スウェードが巻かれた棒）を使って弾きます。マレットは重さも毛足の長さも数種類あります。一般的に軽いボウルには軽いマレットがおすすめです。

①基本の弾き方

意識を集中した後、ボウルを手のひらにバランスよくのせます。床やテーブルにゴム製の丸リングを置き、その上にボウルをのせて弾いても結構です。マレットをボウルの側面の真ん中に近づけ軽く鳴らします。ボウルが鳴りはじめたら、ボウルを持って体のまわりに近づけ、チャクラやツボなどのエネルギーポイントにその振動を流してください。ボウルを軽く鳴らして（チャイムさせて）ください。マレットがボウルに接触するのはボウルの側面の真ん中です。

詰まったり停滞しているエネルギーを解放するためには、しばらくその音を聴いた後、ブロックが見つかるまで第一チャクラから順番に上のチャクラへと上がっていきます。ボウルを鳴らすことによってエネルギーの動きを作り、体にあるブロックを解放していきます。

● 弾く前に

床やテーブルに置いて弾く場合（平底・丸底）
ゴムリングの上にボウルをのせます。

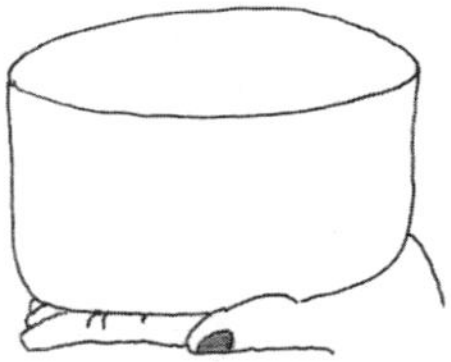

手のひらにのせる場合（平底・丸底）
音がこもらないように、手のひらをそらし気味にしてボウルをのせます。

● 基本の姿勢（平底・丸底）

手のひらにのせて
（立って、あるいは座って）

座って

立って

②マレットの使い方

基本的な持ち方

鉛筆で何かを書くようにマレットを持ってください。マレットに軽く角度をつけてボウルの縁にあて、軽く圧力をかけながらゆっくりまわしてください。まわすことにより、ボウルはボウル自身の基音を保つことができます。数回まわすことによって、だんだん基音が大きくなります。マレットをボウルから離し、数分その音を振動させてください。

●マレットの持ち方

鉛筆で何かを書くように持ちます。

●ツートンテクニック

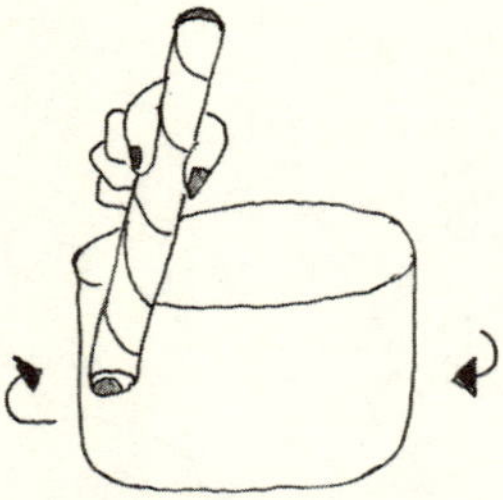

マレットに軽く角度をつけてボウルの縁にあて、軽く圧力をかけながら一方向にゆっくりまわします。

音が維持できるようになったら側面の真ん中を軽くたたきます。

ツートーンテクニック

前記の方法で、ボウルを弾きはじめてください。音が維持できるようになったら、ボウルの側面の真ん中をマレットで軽くたたいて、ツートーン作用を楽しんでください。エネルギーのバランスを保つため、決して強くたたかないでください。またこのようにチャイム音を鳴らす時は、ボウルの側面の真ん中か下の方をたたいてください。ボウルの側面の上部には触れないようにします。

2 プラクティショナーボウルの弾き方

プラクティショナーボウルのハンドルは純粋な水晶でできています。光をより拡大するだけでなく、エネルギーを効果的に放射します。また、集中したい方向にエネルギーを送り込むこともできます。

まずはハンドルを片手で持ってください。片方の手でマレットを持ち、ボウルの外側の縁を望む大きさの音が出るまで二、三回まわします。プラクティショナーボウルはその振動がハンドルや手に直に伝わってきます。ボウルを上下に動かしたり、自分の体に近づけたり、遠ざけたり、円を描いたりしてください。プラクティショナーボウルがすでに音を出している時にボウルをたたく場合は、優しくが基本です。共振効果が高いため、軽くたたくだけでも充分に効果があります。あまり勢いよく大きな音を出すと、激しい振動で壊れる場合があります。ここでは、プラクティショナーボウルのおすすめの使い方をいくつかご紹介します。

ハンドルを片手で持ち、ボウルの縁を一方向に優しく2、3回まわします。

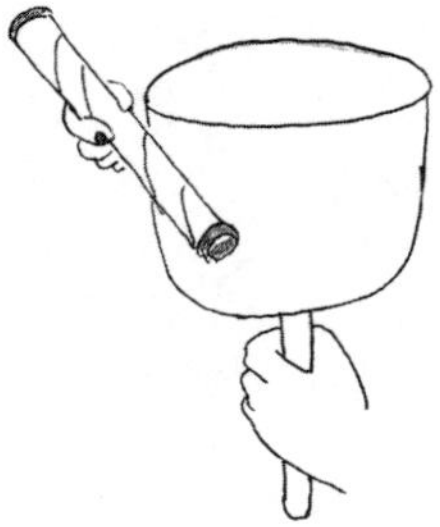

ボウルをたたく時は、側面の真ん中をたたいてください。プラクティショナーは共振効果が高いため、強くたたくのは禁物です。

①自分のオーラを浄化する

立った姿勢でボウルを鳴らします。ボウルを横向きに持ちます。自分の体の正面に対して上下に動かします。その後、自分の頭の上に円を何回か描きます。事前に充分に空間があることを確認してください。

②クライアントのオーラを浄化する

立った姿勢のままで深呼吸しながらリラックスしてもらいます。ボウルを鳴らして横向きに持ち、クライアントと向き合う形で足から頭の上までボウルを上下に動かしていきます。同様に体の右側や左側のエネルギーも払っていきます。さらにクライアントの後ろにまわり、正面と同様に足から頭の上までのエネルギーを払っていきます。最後にボウルを軽くたたき、頭の天辺のクラウンチャクラに対して円を描きます。

③チャクラや体の局部を刺激してバランスをとる

プラクティショナーボウルは、特定の局部やチャクラを刺激しながらエネルギーを動かす

立った姿勢でボウルを鳴らします。ボウルを横向きに持ち、自分の体の正面で上下に動かします。

には最適なボウルです。以下にいくつかの例をご紹介します。

●クライアントの前に立ち、ボウルを鳴らします。ボウルを横向きに持ち、円を描きながらハートに近づけたり遠ざけたりします。同様にクライアントの後ろからも同じ動きを繰り返します。この動きはハートチャクラにとても効果的です。また、腰の痛みや、脊柱の痛みにも効果を発揮します。

●ボウルを鳴らし、ボウルを上向きに持ち、クライアントか（自分）の第三の目から約三〇センチほど離して腕を左右に動かします。この動きは第三の目にとても効果的です。

●ボウルを鳴らして、頭の上でグルグルまわします。この動きはクラウンチャクラにとても効果的です。第三チャクラの太陽神経叢《そう》の上や他の部分でも試してみましょう。

●プラクティショナーボウルと他のボウルを組み合わせます。異なるボウルを組み合わせて鳴らすと、お互いに相乗効果を発揮します。それぞれのボウルが相乗効果によって独自の周波数をもたらすため、さまざまな形で体を刺激します。そのひとつの例をご紹介しましょう。

クライアントに横になってもらいます。マッサージテーブルがない場合は、床やベッドに横になってもらってください。深呼吸を繰り返した後、リラックスしてもらいます。相手のまわりにボウルを置いていきます。いくつボウルを持っているかによって位置が決まってきます。まずは大きなボウルを足の位置に置きます。他のボウルも置いていき、小さなボウルが頭の位置に来るようにします。配置が終わったら、足もとからボウルをひとつずつ鳴らしていきます。ひとつの音をしばらく鳴らした後に、次の音を鳴らしてください。深い音から鳴らしはじめるとクライアントも落ちつきやすく、深いリラクゼーション状態に入ることができます。徐々により小さな高い音のボウルに移っていきます。他のボウルが鳴っている間にクライアントの上でプラクティショナーボウルを弾きます。プラクティショナーボウルを手に持ち、鳴らしながら体の上のエネルギーを足から頭（または頭から足）へと払うようにして移動させていきます。ボウルの音の波動の波が体を捉え、意識に作用し、素晴らしい音の体験をもたらします。

チャクラに合わせてボウルを配置したり、チャクラに合わせた音を選んで並べてもいいでしょう。それぞれが持つボウルに合わせて、さまざまな方法を試してみてください。

アルケミーボウルにトーニングをプラスする

トーニングは声を癒しの道具として使うテクニックで、最も自然な形のサウンドヒーリングとして古代より受け継がれてきました。自分の体内から生まれる音を肉体や感情、精神や魂に向けることで、体内の各所で共鳴現象を引き起こし、調和のとれたひずみやゆがみのない状態に体を戻していきます。

トーニングには母音やマントラを使う他にもさまざまな方法がありますが、呼吸を深め、エネルギーの流れを調整し、感情を解放し、心身に調和をもたらすために「非言語的な声を使う」という点が共通しています。自分の声がもたらす振動を体験し、声を癒しの道具として使いはじめるようになると、体の各部位で共鳴が起きていることに気づくようになります。また声は、自分の意識を外に向けて発することのできる最も簡単で効果的な手段だとも言えます。

ここではジョナサン・ゴールドマンがワークショップで教えているチャクラに共鳴を起こす「マントラとしての母音を使ったトーニング方法」を参考に、ボウルを使ったトーニングの基本をご紹介します。ボウルはチャクラに合わせて七つのボウルを使ってもかまいませんし、最初から最後までひとつのボウルでもかまいません。自分にふさわしい方法が選択できるのも、ボウルならではの特徴です。何度か繰り返すことで、自分にふさわしい方法を見つけてください。

体の力を抜いてリラックス。
ボウルの音に耳を傾けながら、
ゆっくりと声を出していきます。
声とボウルと体が自然に共鳴し
ていくのを実感してください。

エクササイズ

体の力を抜いてリラックスしてください。意識を集中し、ボウルを鳴らします。背中をまっすぐに伸ばして口から息を吐き出しお腹の力を抜いてください。両目を閉じ、鼻から息をたっぷりと吸いこみます。ボウルの音に耳を傾けながら、喉《のど》をリラックスし、第一チャクラから順番に意識を向けながら、ゆっくりと優しい響きを込めて声を出していきます。最初は自分の声が変に感じるかもしれません。でも何回かやっているうちに、声とボウルと体が自然に共鳴していくのを実感できるようになります。

【第一チャクラ】

ルートチャクラとも呼ばれ、脊椎の一番下にあります。肉体を司っています。ルートチャクラのための音は、一番低い「ア」という音です。脊柱のベースの部分に意識を集中し、できるだけ低い声で「ア」と言ってみましょう。これを七回繰り返します。

【第二チャクラ】

下腹部にある「仙骨」のチャクラです。性エネルギーや生殖器、欲望、創造性などを司っています。仙骨のチャクラのための音は「ウー」です。ルートチャクラの時に出した声よりも少しだけ高い声で、仙骨チャクラに意識を集中しながら、声を出していきます。これを七回繰り返します。

【第三チャクラ】

みぞおちにある太陽神経叢のチャクラです。消化器や活力を司っています。みぞおちに意識を集中しながら第二チャクラより少々高めに「オー」と声を出していきます。これを七回繰り返してください。

【第四チャクラ】

胸の中央にあるハートのチャクラです。心臓や肺の機能、同情や愛のエネルギーを司っています。心臓に意識を集中しながら中程度の高さの声で「アー」と声を出していきます。これを七回繰り返してください。

【第五チャクラ】

首の中ほどに位置する喉のチャクラです。コミュニケーションや耳をはじめとする音を感じる部位の機能を司っています。喉に意識を集中しながら「アイ」と声を出していきます。これを七回繰り返してください。

【第六チャクラ】

「第三の目」とも呼ばれるチャクラで、眉間のやや上あたりに位置します。想像力や霊能力を司るチャクラです。脳神経や精神活動とも深く関係しています。額に意識を集中しながら「エイ」と少し高い声を出していきます。これを七回繰り返してください。

【第七チャクラ】

クラウンチャクラとも呼ばれるチャクラで、頭頂部にあります。心と体のすべてを司るチャクラです。頭頂部に意識を集中しながら「イー」と今までの中で一番高い声を出していきます。共鳴を感じたら、残りの六つのチャクラとのバランスを確認し、七回繰り返します。

ここまで終了したら、しばらく沈黙しましょう。この沈黙の瞬間こそが、真の瞑想にもつながります。自分が良いと思うタイミングで両目を開き、エクササイズの効果を体中で感じてください。

プラクティショナーボウルとトーニングの組み合わせ

プラクティショナーボウルを鳴らし、ボウルを自分の顔の前に持ってきます。「オー」と声を出しながらトーニングします。ボウルの音に声を合わせてください。もし、ボウルの音が高すぎるようなら低い声を使ってゆっくりと組み合わせながら、異なったトーンをいくつか試してみてください。

ボウルを鳴らし、自分の顔の前に持っていきます。
「オー」と声を出しながら、トーニングします。

部屋を浄化する

アルケミーボウルを使って室内を浄化しましょう。特にプラクティショナーボウルは、空間や部屋のエネルギーの浄化には理想的な道具です。プラクティショナーボウルを鳴らし、「8の字」を空中に描きながら周囲を浄化していきます。

ボウルを鳴らし、8の字を空中に描きながら室内を歩きます。

波動水を作る

アルケミーボウルに水を入れて、意識を水に向けて一〇分ほど弾いてください。波動水に適しているのは、天然水か蒸留水です。購入したボトル入りの天然水や蒸留水でも効果は同じです。その場合は、ボウルに水を移す必要はありません。ボトルの水に意識を向けて弾いてください。水がボウルの波動を瞬時に吸収します。吸収された波動は一気に全身へと伝わり、各臓器の細胞を活性化するだけでなく、DNAにまで働きかけると言われています。

＊注意事項

・クリスタルボウルを医学的な診断に代替するものとして使用できるとはいっさい述べておりませんので、ご了承ください。

・ボウルを弾いている最中に、人の頭をボウルの中に入れないでください。

・ボウルを必要以上に強くたたいたり、速く弾いたりしないでください。

・振動によってボウルが割れる可能性があります。数個を弾く場合は、それぞれのボウルを少なくとも三〇センチ以上離してください。

・小さな部屋でたくさんのボウルを弾くと割れる場合があります。

・身体に金属性のピンやボール状の関節がはめこまれていると、痛みや不快を伴う場合があります。ボウルを弾く前に事前に確認して下さい。

第5章

クリスタルボウルに魅せられて

それぞれのクリスタルボウル物語

アメリカでのクリスタルボウル誕生から二五年。さらに最初のアルケミー・クリスタルボウル誕生から一〇年。その間にボウルに出会い、ボウルの虜になってしまった愛好者たちがアメリカにはたくさん存在します。さらにここ数年は、日本でもクリスタルボウルをこよなく愛するファンが急増しています。ここでは、そんなクリスタル愛好者たちにそれぞれのクリスタルボウル・ストーリーを語っていただきました。

クリスタルボウルが、サウンドヒーリングの素晴らしさを教えてくれました

鈴木《すずき》真佐子《まさこ》

予想外だった最初のクリスタルボウルとの出会い

私が初めてクリスタルボウルに出会ったのは七、八年前。ウィリアム・ブルームの妖精の本（『精霊《スピリット》』太陽出版刊）を翻訳している時でした。アメリカのヒーリングスクールの友人が、クリスタルボウル演奏を披露するため、グラストンベリーからスコットランドのフィンドホーンまで行くので一緒に行かないかと連絡してきたのです。旅にはミステリーサークルやロズリン城も含まれていたので、夢のようだと思いました。でも結果的にはその夢も悪夢になってしまいました。どうやら当時、グラストンベリーでは「コベン」と呼ばれる魔女の集まりがあり、友人は魔女に呪いをかけられていたようです。友人は呪いはすでに解けていると言っていましたが、実際はかかったままだったようです。

以前、カリフォルニアでコンピューターのエンジニアだった友人は、クラシックのフロステッドボウルを七つほど手に入れました。そしてヒーリングスクールを卒業後にイギリスに

渡り、グラストンベリーの古い家に住みます。そしてボウルの紹介と演奏を披露するため、スコットランドへの旅を決意します。その当時の私もまた、グラストンベリー在住の作家ウィリアム・ブルームに会いに行くことが決まっていました。そんな経緯から二人の旅はスタートします。当時のフロステッドボウルはあまりにも大きくて重く、飛行機に乗せるにはお金がかかりすぎるため車での移動になりました。友人が運転し、ガソリン代は二人の割り勘。出発の時でさえ、友人はボウルをトランクに乗せることができず、手伝ってもらっていました。そして無事出発となったのですが、そこから魔女の呪いが次々と顔をのぞかせはじめたのです。

まず友人は泊まったチャリスウェルの宿のベジタリアン用の冷蔵庫に魚を入れ、それを勝手に取り出されたことに腹を立て客と喧嘩しました。その機嫌が悪いままの状態で、翌日には個人宅でボウルの演奏を披露しました。その後、ウィリアム・ブルームのお宅でお茶をいただいたのですが、ここでも友人は「ホームページにメールを出したのに、返事をくれないのはプライドが高いからか」とウィリアムにからみます。けっきょく、新作をいただいておさまったのですが、友人のエンジンはここからさらにヒートアップしていきました。ミステリーサークルを見学するためのヘリコプター乗車の際には、前の席を予約したのに後ろの席を指定されたと受付やパイロット、さらには乗客を相手に激怒しました。そしてその後も行く先々で誰かを相手に喧嘩をふきかけてはボウルを弾き続けました。私は私でどうしたらいいかまったくわからず唖然とするだけ。最終目的地のフィンドホーンでは、朝食のシナモンがしけていたと宿側と喧嘩して宿代を踏み倒し、あげくの果てはさっさと車を飛ばして帰ってしまいました。ですからこの旅以来、その後しばらくは《クリスタルボウルに癒し効果なんてないじゃない》と思っていました。

いま考えてみれば、友人はクリスタルボウルを弾くたびに、自分の怒りを増幅していたのでしょう。怒っている状態でボウルを弾くと、その心の闇を周囲にもガンガンぶつけてしまいます。実際には友人にかけられた魔女の呪いが解けていなかったかどうかは定かではありません。でも、友人にはかけられたという恐れが残っていました。その恐れも増幅されていたのでしょう。

私を夢中にさせたハートのアルケミーボウル

その後、もっとさわやかな出会いが私を待っていました。クリスタルトーンズ社にアルケミー・クリスタルボウル（以下、アルケミーボウル）が誕生し、妹の礼子・デューイがボウルの展示会の手伝いをするようになったのです。そして二〇〇六年から、ボウルを紹介するために日本にも訪れるようになりました。

私は妹の手伝いを経て、ディストリビュータとしてもスタートしました。最初に手に入れたのはハートのファでした。ハートに響く音が心地よかったからです。その後もファばかり集めました。モルダバイトのファ。チャコールのファ#。一番大きい一二インチのゴールドのファ。さらにはダイヤモンドのファ。母にもローズやアメジストのファをすすめました。でもそのうちファだけでは物足りなくなってきました。いくら心地よいとはいえ、どれを弾いてもファの音だったからです。

その頃からボウルの不思議な話を聞くようになりました。クリスタルトーンズ社のウィリアムによると、上向きにボウルを置いておくとボウルからボウルへ小さな光の玉が飛び込んでいくのが見えるというのです。ちなみに私の家は自然が豊かな公園に隣接しています。天使のチャネリングをする友人によると、自然霊が出入りしているそうです。さらにボウルの音が流れはじめると、妖精たちが飛びまわっているとか。妖精たちは電車にも乗るそうで、人々の間を光の玉が飛びまわっているそうです。

音楽についても、何も知らない私にとっては新しいことばかりでした。第五ハーモニクスといって、五つ離れたドとソ、ラとレ、シとミなどを二つのボウルで一緒に弾くと、次元の扉を開くほどの高周波の音になるそうです。第五ハーモニクスについては、ジョナサン・ゴールドマンがホームページにこう書いています。

「老師はそれを陰陽の勢力の間にある宇宙的調和の根源と称えました。インドでは第五はある音を作り、それを通してシヴァがシャクティを生命の踊りに誘います。ギリシャの太陽神であり音楽と癒しの神でもあるアポロは、彼の聖なるリラで第五を弾き、デルフィへイルカのメッセンジャーたちを呼びました」

私もドとソとドの第五ハーモニクスの三つのボウルが偶然揃ったことがあります。あまりにも心地よいので、ド・ソ・ドには何か特別な秘密があるのかと妹に問い合わせたくらいでした。

次元の扉を開くということに関しては、グレゴリオ聖歌の話に感動しています。その昔、教会ではグレゴリオ聖歌や高い周波数を持つ音が聖なる空間を作ることによって、神と直接つながることができることを発見しました。しかし教会としては、一般の人が簡単に神につながってしまっては不都合です。そこで教会から情報を持ち出すことを禁止してしまったそうです。教会音楽が心に羽根が生えたかのように感じさせてくれるのは確かです。教会によっては天使たちが集まる拠点に高い波動が集まるそうです。そしてその上を飛ぶ飛行機の乗客の中には、その波動を感じる人もいるそうです。

グレゴリオ聖歌の不思議

グレゴリオ聖歌については面白い話があります。ミッチェル・ゲイナー博士が彼の著者『音はなぜ癒すのか』の中で紹介している「音のアインシュタイン」とも呼ばれたフランス人医師のアルフレッド・トマティスについての話です。一九六〇年代後半に、南フランスのベネディクト会修道院で多くの修道士たちが原因不明の奇病にかかります。疲労が激しく普通の聖務さえ遂行できなくなってしまったのです。そこでトマティスが呼ばれ診断することになります。彼の記述では、九〇人中七〇人の修道士が各自の小部屋でうなだれていたそうです。トマティスは修道士たちの話に耳を傾け、奇病の原因を解明します。修道士たちはカトリック教会の修道院改革が行われた際に、毎日六時間から八時間歌っていたグレゴリオ聖歌を禁止され、もっと時間を有効に使うようにと命令されていたのでした。それを知ったトマティスは、日々の詠唱という習慣が意識を目覚めさせ、修道士たちにエネルギーを与えていたのではないかと推測します。その後、トマティスの忠告に従い詠唱を再開した修道士たちは、数カ月後にはすっかり元気を取り戻し、通常の聖務に復帰しました。

トマティスは、旋律が単調でテンポがなく、ゆっくりとした長い呼吸を大切にするグレゴリオ聖歌を「極上のエネルギーの糧」と評し、詠唱が質素で苛烈な生活をおくる修道士たちの霊的・精神的な栄養源になっていたと語っています。さらにトマティスによると、音には聞き手を疲れさせる音と活性化させる音の二種類があり、とりわけ高い周波数の音は良い効果をもたらすそうです。グレゴリオ聖歌の周波数は八千ヘルツ。中枢神経系と大脳皮質を活性化する力があります。

このトマティスの報告を参考にしたのが、ミッチェル・ゲイナー博士でした。博士もまた、苦しむがん患者たちのための「極上のエネルギーの糧」を探していました。しかし、グレゴリオ聖歌が歌えるようになるには四年ほどかかります。そこで彼が目をつけたのが、「ビジャマントラ」という六つのチャクラに対応したインドのマントラでした。このマントラをクリスタルボウルの音にのせて患者たちに詠唱させたのです。すると、それまでの音を使わないリラクゼーション技法では一年も二年もかかっていた意識の改革が、わずか数セッションのトーニングで達成できることがわかってきました。同時に患者たちには癒しがもたらされ、肉体の痛みや心の苦痛を意識しながら手放していったのです。

ミッチェル・ゲイナー博士が使った「ビジャマントラ」は、シンガーのアシャーナのＣＤにも入っています。ホスピスで死の恐怖にあった患者がこのＣＤを数日間聴き続けたところ、深く癒され、心静かになったという話を聞いたことがあります。

クリスタルボウルの前に水晶ありき

そもそも私は、アルケミーボウルが誕生する前から水晶の大ファンでした。初めて水晶を手にしたのは一六年ほど前。ロンドンのスピリチュアリスト協会に通っている頃でした。偶然にも、この頃に妹の礼子も水晶に出会っています。当時、妹はアメリカの証券会社の日本支社に勤めていて、香港支社を設立するため香港と日本を行き来していました。しかし転換期だったのでしょう。突然、龍に出会ったり、話しかけられたり、水晶と関わったりしていました。さらに二人揃って同時期に霊媒師を通して亡くなった父と祖母と話すなど、お互いにスピリチュアルな体験を重ねていました。その後、妹は香港から戻った頃から、私はロンドンから帰国した頃から、より本格的にスピリチュアルな道を歩みはじめるようになりました。一緒にハワイのカウアイ島のカトリーナ・ラファエルのクリスタルアカデミーに通ったこともありました。

そして今、私は翻訳の仕事をする一方で、アクシオトーナル・アラインメントのセッションを自宅で行っています。師であるアダマとハキラにもクリスタルボウルがセッションにも役立つと言われて試みてみました。まずは被験者にマッサージテーブルに仰向けになってもらいます。ドとソとドの三つボウルを選び、クライアントの頭から足、さらに足から頭までゆっくりと弾いていきます。クライアントにとってもその音色はとても心地よいそうで、気持ちも落ちついてくるそうです。一連のセッションを行った後に、チャイムの音で目覚めていただいています。

ボウルを紹介されてまもなく、天使のチャネリングをするアメリカ人の友人に「何か音の出るものを扱ってる?」と聞かれました。クリスタルボウルと答えると「それをマッサージテーブルの下に置くと良いというメッセージが入ってるわよ。置くだけでいいみたい」と言われました。クリスタルボウルを扱っていることをどこかで誰かが見ていたようです。

ウィリアムとポールに感謝

アルケミーボウルを製造しているのは、ポールとウィリアムという錬金術師たちです。彼らは「人類史上で初めて水晶たちに声を与えたのが僕たちなんだ」と言っていました。水晶がたまらなく好きな私は、彼らの技術にとても感謝しています。水晶が好きな人は、ぜひボウルを体験していただきたいと思います。自分のお気に入りの音や色、肌触りに出会えば、きっと胸がときめきます。その至福を味わってみてください。まずは一呼吸とり、心静かに優しく弾く。持っているすべてのエネルギーが増幅されていく。瞑想の中に入って弾く。意図を持って弾く。何も考えずに弾く。素直に弾く。この時間が生活の中で貴重なものになっていきます。

クリスタルトーンズ社とのお付き合いも四年になります。でも実際にウィリアムとポールに会ったのは、この取材を通して訪れたコロラド州のヴェイルで開催されていたサイ・マーのリトリートででした。リトリート終了後には、彼らの新しいモーターホームに便乗し、オープン前のボルダーの新しいテンプルにも連れていってもらいました。

運転するポールの隣に座り、さまざまな話を聞いているうちに彼がエッセネ派だということもわかりました。私はヒーリングスクールでギリシャで著名だったヒーラーのダスカロスの本を紹介され、その本（『メッセンジャー』キリアコス・C・マルキデス著　太陽出版刊）を翻訳しました。そのダスカロスがエッセネ派でした。モルモン教の厳しい規律の中で生活していたポールは、もっと自由な発想を求めていました。そしてエッセネ派にたどり着き、その生き方に共感したそうです。昨年、私はエッセネ派のコミュニティが暮らしていたというイスラエルのクムランの遺跡を訪ねました。エッセネ派の人たちが一日に何回も体を清めたという浴槽の跡も見せてもらいました。

ポールも自分を清めるために一日に何回かシャワーを浴びるそうです。そして菜食主義。動物たちにも命を全うしてほしいからです。彼は自然の天使たちの声を聞くために、フォーコーナーズにある谷に行きボウルを弾きます。音が消えた静けさの中で、天使たちの存在を感じ取るそうです。何千年も前のエッセネ派の人たちと変わらないなと思いました。帰国後、イスラエルで購入したクムランのエッセネ派やエドモンド・セゼクリーの本をポールに送りました。折り返しポールから、大事な参考書にしているというメールが届きました。

新しいボウルたち

地球や私たちに必用なエネルギーが降りてきます。クリスタルボウルもそれらのエネルギーを持ってきます。黄金のエネルギーが降り注いでいて、セッション中にそれが見えたりします。ボウルたちもそれぞれの周波数で地球を活性化しています。そして、今また新しいボウルたちがぞくぞく誕生しています。ヴェイルのリトリートの後で、ポールがまるで企業秘密を打ち明けるように教えてくれました。ボウルを扱っていて一番のお楽しみといえば、これら新しいボウルたちと出会う瞬間です。

でも帰国してからも新しいボウルの情報はなかなか入りませんでした。しびれを切らした私は、何度も本社にメールを送り写真を催促しました。その後、他の用事でボルダーのテンプルに連絡したところ、新しいインペリアルトパーズはすぐに売れてしまったとのこと。期待が大きかっただけにがっかりでした。まだ本社にあるかもしれないと聞き、電話を入れてインペリアルトパーズとレピドライトの音を聞かせてもらいました。いずれも心に響く素晴らしい音色でした。

レピドライトにはリチウムが入っています。リチウムは鬱《うつ》病の治療に使われている素材です。まだ見ていませんが、きれいな紫と青だそうです。その他、カーネリアン、サンストーンなども出ているとのことで、早速いくつか注文しました。

ボウルは、なかなか情報が入らなかったり、思ったものが手に入らなかったり、イメージとは違ったボウルが来たりすることもあります。でも、私にとってはそれも魅力のひとつです。ボウルとの縁もありますし、入手後にボウルの色が変わったり、音が変わったりすることもあります。同じ釜の仲間でも、同じボウルはひとつとしてありません。厚みが薄いものもあれば、厚いものもあります。色や形や音が兄弟のように似ているボウルもあります。それぞれが異なるからこそ最高に面白いのです。

何か特定のボウルの特定の音が欲しいと思うとします。例えば、八インチ（約二〇センチ）のクリアのローズクォーツのファの音を注文したとしても、その姿を数カ月見ることはできないかもしれません。どんなボウルになるのか、どんな音になるのか。それは製造側が決めることではありません。それぞれが自分の声を持って生まれてくるからです。

ハートチャクラのファ

一般的にハートチャクラを開くのはファの音です。さらにハートチャクラを開いたり刺激する色や資質を持っているのは、ローズクォーツやエメラルド、モルガナイトなどのボウルです。それらを弾きながらトーニングすると、ハートチャクラが振動するのを感じます。声に自信のない私でも、ボウルに声をのせるだけで充分。声を出したほうがわかりやすいのは確かです。

トム・ケニオンによると、ハートの電磁波は脳の電磁波の三〇倍から六〇倍だそうです。自分が強い感情を感じるとその感情をまわりに放射するため、ラジオ電波にのせるようなものだそうです。心を落ちつけ自分の中心を定め、ハートから最高の電波を流してください。

トム・ケニオンは、初期の頃からクリスタルボウルを使う素晴らしいサウンドヒーラーだと聞いていました。会うならいつでも紹介してあげると前述の魔女に呪われた友人は言っていましたが、そのような縁もなく、ワークショップを受けたのもつい最近のことでした。

ボウルとの一期一会

ボウルを扱うようになってから、さまざまなボウルが通り過ぎていきました。でもどうしても手放せないボウルもあって、今も一八個が手元にあります。一番大事にしているのは八インチのサイ・マーボウルで、音は絶対音です。ちなみに通常の西洋音楽の基本となる周波数は四四〇ヘルツです。これは他の楽器と合わせるためですが、ボウルの周波数を測定する際にもこの周波数を基本に測定しています。例えばファなら、音程がプラス五〇からマイナス五〇の真ん中のゼロで測定されるのであれば、完璧な絶対音です。さらにボウルの場合は、そのずれがプラス一〇からマイナス一〇の間であれば、他の楽器と合わせてもあまり違和感がないため、これも絶対音とされています。私のサイ・マーボウルは聖者サイ・マーが実際に使っていたもので、彼女のシャクティ（祝福）がたっぷり入っているためかとても癒される音です。その他のお気に入りは、観音様のエネルギーと言われる七インチのホワイトボウルやハトホル神のボウルとインジウムのアルケミー・ミックスボウル。さらに「傷ついたヒーラー」と呼ばれるモフルボウルも好きです。我が家にも、一度壊れ再生された備長炭のモルフボウルがあります。再生後に再度インジウムを配合してもらいました。最初は壊れたというトラウマを抱えているためか声が出ませんでしたが、話しかけているうちに少しずつ歌ってくれるようになりました。彼は今、パソコンの隣に座っています。モルフボウルはもうひとつあります。六インチ（約一五センチ）の水玉のローズクォーツで、手違いで家に届いたものです。持ち主の元に帰る予定でしたが、縁あって我が家に腰を据えることになりました。可愛らしくて音も気に入っています。また手放せないボウルのひとつになりそうです。さらに天使界とつながるモルガナイトもお気に入りです。これはハイ・ハート（胸腺）に響きます。そして新しく仲間に加わったばかりのアゼツライト。アセンションを促すボウルで、透明のボウルに天使の羽根のような模様が散りばめられています。

飾っておくだけでもいいかなと思えるようなボウルに出会うこともあります。ボルダーのテンプルでも、焼き上がった後にプラチナを配合した美しいボウルのシリーズに出会い、その美しさに目を見張りました。アドバンス・アルケミーと言われる新しいシリーズです。さらにそのテンプルで出会ったのが、シアトルでヒーリングショップを営んでいるダイアナでした。その名の通り、ギリシャの女神のような美しい女性で、後に妹から『プレアデス銀河の夜明け』（高橋裕子訳　太陽出版刊）の著者バーバラ・ハンド・クロウの義理の姉妹だと聞いてびっくりしました。とてもサイキックで、リーディングだけでなくヒーリングまでしてくれました。仰向けになり両足のくるぶしに一二インチのボウルをのせて弾くだけのものでしたが、どんどんその振動が上に上がってきて頭の芯を通り抜け、頭をビンビン振動させていきます。とてもパワフルで落ちつくセッションでした。

ダイアナが仕入れのために二日間ボルダーに宿泊したため、翌日もテンプルでお会いすることになりました。当時はまだテンプルも正式なオープン前で、私たちもヴェイルで展示していた数百個のボウルを詰めて運んで店に並べる作業を手伝いました。でも、数百個の中からボウルを選ぶという経験はなかなかできるものではありません。最初は宝探しでもしているような気分でした。ダイアナもはしゃぎっぱなしで、時々感激のあまり涙をこぼしていました。私も同様に舞い上がっていました。ウィリアムとポールの意見を聞きながら、頼まれていたいくつかのボウルもここで発見することができました。前述の備長炭のモルフボウルもこの時に見つけたものです。

ボウルとの共同作業

欲しいボウルに出会うのは、ボウルとの共同作業があってこそと言えます。普通は何かを注文すると届くのが当たり前ですが、ボウルはすぐには届かなかったり、ともすると手に入らない場合もあります。また数百個あっても、その中でぴったりというボウルに出会えるかどうかもわかりません。

ボウルは聖なる楽器です。茶器のような趣きもあります。高価とあって思うように手に入らない場合もあります。でもその一方で、向こうからやってくることもあります。縁があってボウル自身が乗り込んでくるのです。それぞれのボウルが役割を持っていて、それを心得ているのです。さらにボウル自身が仲良くしたいボウルを選んでいるような気もします。特定のボウルが来てから声を出さなくなったり、逆に張り切ったり、声変わりしたりするボウルがあるからです。妹の礼子によると、コンサートとなると内気で声が出なくなるボウルもあるそうです。ヒーラーに選ばれたり、演奏家に選ばれたり、家族に喜びをもたらすために選ばれたりと用途が広いのもボウルの特徴です。

すごく気に入ったボウルでも、これは自分のところに来るものではないと感じることがあります。ですから初めて対面する時はいつもドキドキします。恋人やパートナーを選ぶように、誰もが慎重になるようです。

今、サウンドヒーリングの時代

一九九八年に『光の輪』（ロザリン・L・ブリエール著　太陽出版刊）が出版されました。その「訳者あとがき」に、七・八から八だったシューマン周波数が一一・二まで上がり、一三まで上がったらどうなるんだろうと書きました。地球の周波数が上がるほどサイキックな人が増えていくという設定でした。そして現在。今では波動やオーラといった言葉が社会の主流になってきています。トム・ケニオンは自らのワークショップで「シューマン周波数は一三になり北極や南極の電磁気が変わってきている。人間も混乱状態を起こしている」と教えてくれました。混乱しているのは蜂たちだけではなく、電磁気をレーダーとして移動する動物たち、鯨や鳥たち、そして人間も混乱しているのです。クリスタルボウルには停滞した地域を浄化し、活性化させる力があります。今、ボウルはアメリカ、ヨーロッパ、アイルランド、アジア、日本で紹介されています。ドイツ、スペインなどではよく売れているそうです。クリスタルボウルのテンプルは、ユタ州のソルトレイクの本店をはじめ、コロラド州のボルダー、カルフォルニア州のシャスタ山、スペイン・カタルーニャ州のバルセロナなどにもあります。そして日本にあるのが、熱海にある牧野持侑《まきのじゅん》さんのテンプルです。

ウィリアムとポールは毎年ボウルを九月の国連総会が行われる直前に持っていき、国連の建物を浄化します。そして次の日にはセントラルパークでコンサートを開いています。数年前にはオノ・ヨーコと息子のショーンも参加し、ボウルを弾きながら平和を祈ったそうです。

北米では、ネイティブアメリカンもクラシックのフロステッドボウルを買いに来るそうです。あまり知られてはいませんが、さまざまな部族のネイティブアメリカンたちがクリスタルを儀式に使ってきました。

ドランヴァロの物語に『ブルー・レーク』（日本語版未刊）というクリスタルにまつわる話があります。白人とネイティブアメリカンたちの仲を修復するために、クリスタルが大きな役割を果たします。そして目覚めたネイテイブの主人公が「水晶は生きている！」と叫ぶのです。クリスタルもそうですが、クリスタルボウルも生きています。

ドランヴァロの『サーペント・オブ・ライト』（日高播希人訳　ナチュラルスピリット刊）によると、地球のクンダリーニを起こすのにも、クリスタルが使われています。ドランヴァロは地球の八つのチャクラポインとなるそれぞれの土地に合うクリスタルを決めるため、前述のカトリーヌ・ラファエルのアドバイスを聞きにいっています。土地の活性化にクリスタルが使われているなら、水晶に声が与えられたクリスタルボウルが同じように土地を活性化するのは自然なことでしょう。ドランヴァロによると、しっかりプログラムされた水晶は人間界と広域にわたりコミュニケートしながら影響し続けることができるそうです。八つのチャクラポイントに置かれたクリスタルは、トート神とドランヴァロたちが新しい世界のはじまりを意図してプログラムしたものでした。

クリスタルボウルには浄化する性質や力も備わっています。江戸時代にはガラスの風鈴が魔除けに使われていたとテレビが紹介していました。仏教でも神道でも、鈴などの鳴らしものは場を設定したり浄化したり人を清めたりするのに使われてきました。金属製のチベットのチベタンボウルなどもその歴史はかなり古いものです。金属製のボウルと水晶のボウルの違いはどこにあるのでしょう。金属製のボウルは昔からの儀式に合っています。でも、新しく降りてくるエネルギーを伝えるには、現在の錬金術で作られたボウルが役立つのではないかと思います。

今はサウンドヒーリングの時代に入ったと思います。すべてが変化するなか、自分の中心を定めることが重要です。意図を設定してそれを声に出す。ボウルの音に声をのせて宇宙に流す。意図もボウルの声にのせれば、よりパワーアップします。チャンティングやお祈りをのせて弾くこともできます。トーニングもできます。自分の声に自信がなくても、ボウルの音にのせれば自然に声が出てきます。その音を他の人のチャクラに向けて入れてあげることもできます。心霊診断家でもあったエドガー・ケイシーは、音は未来のメデイスンになると予言しました。今、まさにその時代が到来しているようです。

クリスタルボウルとの縁を大切にしたいという著者（鈴木真佐子）。自宅には、その縁でやってきたクリスタルボウルたちが勢揃い。これからお嫁にいくものもあれば、迷い込んできたものもあります。

お気に入りのコレクションから。

クリスタルボウルと共に、天使の歌声を響かせて

クリスタル・ニーウォルニー&ブライアン・シャイダー

セドナに移住——すべてはここから始まった

サウンドヒーラーとして活躍するクリスタル・ニーウォルニーが、自分の声の才能を知ったのは四歳の時でした。

「私の天使たちがやってきて、《あなたは、ステージで歌うシンガーになるのよ》って教えてくれたんです。《なんて素敵なの！》って思いました。でもまだ子供でしたから、興味はすぐに人形遊びに戻ってしまいました」

その後、自ら希望して音楽の道を歩みはじめたクリスタル。音楽学校で学んだ後は、小学校や中学校に教師として勤めながらプライベートでボイスレッスンを行ったり、ネバダ州のオペラカンパニーのために歌ったり、教育学の修士号を取得するため大学に通ったりしていました。しかし、音楽の道を模索しながらも、何か物足りないものを感じていました。

一方、クリスタルのパートナーのブライアン・シャイダーは、生まれながらの超能力者で

す。クリスタルとは前世からのツインソウルの間柄で、その能力ならではのジレンマを抱えて育ちました。

「僕のスピリチュアル体験は三歳の時でした。飼い猫のティガーが、《君の消防士だったおじいちゃんが火災から僕を助け出して、消防署で一週間ペットフードを食べさせてくれたんだ。それからこの家に連れてきてくれたんだよ》って教えてくれたんです。その後も大天使ミカエルをはじめ、たくさんの訪問者が訪れては、僕にいろんな話をしてくれました。でも、理解してくれる人は誰もいませんでした。僕には彼らの話すことが真実だということがわかっていたんですけれどね」

さらには成長とともにビジョンまで見るようになり、自分の超能力が確実に拡大していくのを実感していったというブライアン。しかし彼がそのことを口にすることはありませんでした。信じてもらえないとわかっていたからです。

「思い切って話してみようと決心したのは、二〇歳になる頃でした。でも結果は同じでした。ウィスコンシン州でもカソリック教徒が多い地域でしたが、誰も僕の話を受け入れてはくれなかったんです」

変人扱いをされてしまったブライアン。それでも彼が落ち込むことはありませんでした。

大人になるにつれ、自分の能力やチャネリングで得た知識を人々や地球の未来のために役立てたいと思うようになっていたからです。その思いを叶えるため、ブライアンはセドナへの移住を決心します。もちろん、パートナーのクリスタルも一緒でした。

宿命だったクリスタルボウルとの出会い

アリゾナ州のセドナは、アメリカでも有数のスピリチュアルスポットで、ネイティブアメリカンにとっては大切な聖地です。まだ二〇代だったブライアンは、この地で多くの寛容な人々に出会い、伸び伸びとその能力を発揮するようになります。クリスタルも同様に、この地でその声の才能を大きく開花させます。そのきっかけとなったのが、セドナで出会ったクラシックのフロテッドボウルでした。

「マレットを手にして弾いたとたん、ボウルとの間に古くからの深いつながりを感じて、一瞬でその弾き方がわかりました。ハーモニクスのバランスの取り方やピッチの使い方もすでに知っていたかのようにごくごく自然でした。自分でも驚いてしまったくらいです。弾きながら、自分の故郷に帰ったようななつかしさを感じていました」

その場でクリスタルボウルの虜になってしまったクリスタル。セドナで身につけたサウンドヒーリングやチャネリングのセッションの際にも、クリスタルボウルを弾くようになりました。

「ある日、突然コンサートの話が舞い込んできたんです。シンガーとして活躍してきた私にとってはごく自然の成りゆきでしたが、長年にわたる音楽と声楽の下地がなければコンサートは実現しなかったと思います。なぜって、チャネリングをしながら歌も歌い、ボウルでもバランスの良いハーモニクスを奏でるとなったら、私の脳には負担が大きすぎましたから」

その言葉どおり、クリスタルのコンサートは歌も演奏もすべて即興です。コンサート前に曲を書くことはいっさいありません。その場で一瞬一瞬にチャネリングされたエネルギーがそのまま音になり、声になります。

「そうでなければ、その場にいらっしゃる方々にとっての本当の癒しにはならないからです。私が歌う言葉にはサンスクリット語も含まれていますが、それもその場でチャネリングした天使たちの言葉なんです」

訪れるのは、天使たちだけではありません。インド神話の英雄として有名なクリシュナもクリスタルが演奏すると必ずと言ってもいいほど訪れ、一緒に歌います。

「観音様のクァンインが一緒に歌っていたこともありました。ですから演奏中に私以外の声を聴いた人がたくさんいます。一緒に彼らのエネルギーを体験していただけるなんて、素敵なことだと思います」

それら体験が口コミで広がり、サウンドヒーラーとして各地でのコンサート開催を要望されるようにもなりました。

「私のコンサートは、人間のすべてのレベルにおいて役立つと思います。ある人にとっては瞑想でもあり、リラクゼーションでもあるでしょう。また体のバランスや波動を整える良い機会になるかもしれません。なかには、思いもしなかった自分自身に出会って、涙を流される方もいます。クリスタルボウルはより高次元の意識や気づきをもたらす道具でもあるんです」

クリスタルのヒーラーとしての才能も次第に評判となり、順調にファンを増やしてきました。

「ボウルの音色がシャープかフラットかによって異なる体への影響や、ハーモニクスの効用なども ワークショップでは教えています。クリスタルボウルの音は、体のバランスを整え、細胞を活性化します。体のバランスが整い思考の緊張もほぐれると、自然に深い意識に導かれるようですね」

クリスタルボウルに秘められた宇宙の謎

一方のブライアンも徐々に活躍を見せはじめます。まずはセドナシティの教会で礼拝や説教を担当するようになりました。また、自らのワークショップで、エネルギーワークやチャネリング、サウンドチューニングなどについても教えはじめます。ワークショップは日本でも好評で、個人セッションを行うようになってからはその能力の高さが口コミで広がり、毎回キャンセル待ちが出るほどの人気者になりました。その情報の正確さと情報量の多さには定評があります。

ちなみにブライアンは、スピリチュアル関連の本を読んだこともありませんし、勉強をしたこともありません。すべての知識はチャネリングから降ろしています。とは、どこかで聞いたような。そう。ここでもクリスタルトーンズ社のウィリアムの顔が浮かんでは消えていきました。

「僕はクリスタルボウルの音の振動や波動が好きなんです。ボウルの音は、宇宙の秘密を解き明かす大きな鍵のひとつだと思っています」とブライアン。

クリスタルのコンサートではアシスタントをつとめる彼ですが、日常でもボウルが欠かせない存在になっています。

「自分のバランスを整えるために、毎日弾いています。自分で作ったジュエリーをボウルの音を使って調和させるのも好きです。チャネリングする時にも使いますよ。ボウルの音がさらに豊かになるような気がします」

ブライアンが、小学校で障害児クラスを担当しているパティおばさんの話をしてくれました。

「ある日、彼女が授業中にクリスタルボウルのCDをかけてみたんです。そのとたん、いつもは騒がしい子供たちが静かになり、とても落ちついて勉強してくれたそうです。いつもは手がつけられない自閉症の子もいたんですが、その子も珍しく勉強に集中してくれたんですって。しかもその子が授業の後に彼女のところにやってきて、『先生のおとうさんがそこに来てるよ。だから寂しくないからね』って教えてくれたそうです。クリスタルボウルの奇跡は、たくさん見たり聞いたりしてきましたが、僕はこの話が一番好きなんです」

自らもインディゴチャイルド*だったブライアンは、子供に対する関心も高いのでしょう。アメリカでは、多くの子供たちを対象にしたワークショップをボランティアで開催しています。

「クリスタルボウルは人生の問題を乗り越えるための知恵も与えてくれますからね。もちろん、その他にもたくさんの能力を持っています。まずは体の細胞を活性化させ、健康を取り戻してくれる能力。次に、感情を落ちつかせてくれる能力。人間の体の七〇パーセント以上は水分でできていますから、ボウルの音も体に浸透しやすい。だから、ヒーリング効果も高いんです」

クリスタルボウルがもたらす天使からのプレゼント

クリスタルに日本でのコンサートの印象を聞いてみました。

「私は日本の方々とワークするのが大好きです。私の音楽に対してもとても理解がありますし、波動も高い方が多いんです。ですからエネルギーも伝えやすい。音楽を肉体のレベルだけでなく、スピリチュアルな面でも理解してくれています。それがとてもうれしいですね」

さらに音の波動についてもお聞きしてみました。

「音が高い波動に入ると魔法が起きます。天使とおしゃべりする方もいるでしょう。人類の歴史を記録したアカシックレコードを読む方もいるでしょう。なかには、自分にとって必要なメッセージを受け取る方もいるでしょう。音楽は絶えず進化しています。自分が進化すれば、音楽も進化して次のレベルに連れていってくれます。私の音楽は、人々に心の平和をプレゼントします。健康や若さをプレゼントします。私の音楽は、宇宙の根源からやってきた天使たちと共に生まれるものです。その生命の音と素直に調和してください。プレゼントが本物の宝物になるはずです」

そしてブライアンがこう付け加えてくれました。

「クリスタルは、宇宙とのより強いつながりを求めている人たちを導く能力を持っています。彼女の癒しの力と愛は、純粋なところから来るものです。彼女の音楽もメッセージも純粋なところから来るものです。そこにはエゴも差別もありません。純粋なだけです」

二〇〇八年の一月にはセドナに二人のサロン兼店舗も誕生し、夢に向けての環境も整いました。ここを訪れる日本からのファンも徐々に増えているとか。これからの活躍が楽しみです。

＊オーラの色がインディゴブルーに見えることから、アメリカの心理学者ナンシー・アン・タッペによって名付けられた新しい子供（たち）。ＡＤＨＤ（注意欠陥多動性障害）やアスペルガー症候群の子供に多く見られると言われている。問題児とされ、理解されないことが多い彼らは、生まれながらにして多くのことを多次元的に知っている傾向がある。

ブライアン（左）とクリスタル（右）。日本が大好きだという2人のお気に入りの場所は鎌倉。今回もいくつかのお寺や神社を訪ね、多くのインスピレーションを得てきたとか。2009年6月に東京で開催されたコンサート会場前で。

クリスタルボウルとアトランティス・クリスタルスフィアのコラボコンサート

プロローグ

二〇〇九年六月末に日本で開催されたクリスタルとブライアンのコンサート。使用していたボウルは、クラシックのフロステッドボウル七個とニュータイプのクリアボウルが数個。重低音のフロステッドボウルに倍音豊かなクリアボウルの音が重なり、なんとも重厚な響き。アルケミー・クリスタルボウル（以下、アルケミーボウル）を聴き慣れた耳には、少し重い印象でしたが、約一時間あまりを演奏しながら力強く歌い続けるクリスタルには脱帽でした。それと対照的だったのが、一緒にボウルを演奏していたブライアンの様子。うつむきっぱなしで心ここにあらずという感じ。おまけに最後にはマレットまで落としてしまいます。演奏終了後、ブライアンは観客にこう釈明しました。

「今日はボウルにアトランティスのクリスタルスフィア（水晶の球体）の祝福を入れていただいたせいか、とてもエネルギーがパワフルでした。今も頭がフラフラして船酔いしているような感じです。頭の中に非常に電磁的なエネルギーが詰まっています。脳波の音まで聴こえるくらいです。演奏の間に、僕の足があるかどうか何度もチェックしてしまいました」

そしてクリスタルからもひと言。

「ブライアンは、演奏中に自分がどこにいるのか二回ほど忘れてしまったようです。彼は私のエネルギーをチャネリングしながら音を出しているんですが、今日は彼がとても遠くにいるように感じました」

その後、ブライアンがスフィアのいきさつを語ってくれました。そこには、ゾクゾクするほどのエピソードが待っていました。


一九七〇年、自然療法医のレイ・ブラウンとその一行が嵐の中をバハマ沖にダイビングに繰り出しました。しかし、レイは仲間からはぐれてしまいます。嵐の海の中をひとりさまようレイの前に、ピラミッドのような構造物が現れます。中に入ってみると、光がどこから来ているのかは不明でしたが明るい空間が広がっていました。レイの目の前には赤いジェムストーンが天井からぶら下がっています。さらに下をのぞいてみると、手を開いた形のブロンズ像の上に一〇センチほどのクリスタルスフィアが。思わず手にするレイ。その瞬間、声が聞こえてきます。「さあ、お前はそれを手に入れたのだから、もう行きなさい。二度とここに来てはならない」。レイは夢中で泳ぎ、仲間のもとにたどり着きます。そして自分の体験を話します。好奇心にかられた仲間たちは、翌日レイの制止も聞かず海底のピラミッドを目指し再び海へ。そして二度と戻ってはきませんでした。

一人残ったレイは、ニューヨークの超能力者にそのスフィアを霊視してもらいます。その答えは「トートのエネルギーを持っている石だ」というものでした。トートとは、言うまでもなく古代エジプトに存在した神です。スフィアを恐れていたレイは、「他の人に譲れ」という天の声に従い、八五歳で亡くなる直前に他人に譲ってしまいます。その後、スフィアは接触した人たちにさまざまな霊的な変化をもたらしますが、そのうち行方不明になってしまいます。月日が流れ、その持ち主が判明したのはつい最近のこと。行方を探るネットでの呼びかけがきっかけでした。しかし持ち主のアーサー・ファニングは公開を拒みます。怖かったからです。そのアーサーを自分たちのサロン兼店舗のオープニングコンサートに招待したのがブライアンでした。アーサーはその招待に応じ、二人を祝福にやってきます。そして演奏を聴きながら、スフィアをクリスタルボウルの中に入れて演奏したらどんなに素晴らしいだろうと直感します。もちろん、そのアイデアにブライアンも同感でした。ちなみにブライアンがスフィアの存在を知ったのは一二歳の時。夢に見るほど憧れていました。まさに一八年の歳月を経て、スフィアとの出会いが叶うことになったのです。

そして二〇〇九年の六月に開催されたアメリカでのコンサート当日。クリスタルはクラシックのクラウンボウルに半分ほどの水を入れ、スフィアを入れて演奏しました。しかし演奏は一時ストップせざるを得ませんでした。そのあまりのエネルギーの高さにブライアンが耐えきれなくなったからです。

「クリスタルボウルのコーンという音を出した瞬間に、会場が真っ白になり、クリスタルの姿も観客の姿も消えてしまったんです。すごく混乱しました。僕はこの時、真の目覚めを体験したのかもしれませんね」と当日のことを語ってくれたブライアン。

日本での演奏は、そのコンサート直後のものでした。

この話には後日談があります。日本でのコンサートを終えて帰国した二人に、うれしいプレゼントが待っていました。クリスタルボウルとスフィアのコラボの話を聞いたクリスタルトーンズ社が、二人にカイアナイトのアルケミーボウルとアメジスト・ローズクォーツのアルケミー・ミックスボウルを寄付したのです。そしてこれらボウルにダイヤモンド、エメラルド、モルダバイト、プラチナ、オーシャンインジウム、チャコールの新たなボウルを加えたコンサートが二〇〇九年一二月に二日間にわたり日本で開催されました。舞台ではスフィアの持ち主のアーサーも加わり、水を入れたクリスタルボウルに入れられた状態でスフィアも披露されました。さらに演奏前には、アーサー自身がスフィアのエネルギーを受け取るための「ハートにつながる瞑想」に観客を導いてくれました。準備万端の中、スタートしたコラボ演奏は、観客それぞれにさまざまな体験をもたらしたようです。

コラボコンサートを体験して——鈴木真佐子《すずきまさこ》

クリスタルとブライアンとアーサーのコラボコンサートは、二〇〇九年一二月五日と六日に開催されました。コンサートの後、アトランティス・クリスタルスフィアの持ち主であるアーサーに話を聞きました。常に水に浸けているということ。目が見えたりすること。そのため、神の目としても知られているということ。さらにトートやイシス、ヤーウェーのエネルギーを感じたりするということ。そのスフィアを五日はダイヤモンド、六日はモルダバイトのアルケミーボウルに入れて演奏しました。私自身、久しぶりになんとも言えない心の平和を感じました。それをアーサーに伝えると「そうだろう、そうだろう」とにこにこして背中をたたいてくれました。

ドランヴァロも二〇〇九年六月一九日から二一日にアメリカで開催された「生きた水のコンサート」でスフィアを体験しています。アーサーのスフィアは、アメリカでもかなり話題を呼んだようです。

スフィアはいつも水の中に置かれています。そして展示の際には、不思議なことが起きると言われています。光が見えたり、風が吹いてきたり、熱くなったり、寒くなったり。ドランヴァロが訪れたコンサートでも、スフィアはクリスタルボウルの水の中に入れられていました。コンサートの模様がインターネットで放映されると、アトランティス時代をフラッシュバックした人たちが何人も出現しました。頭痛がしたり、癒されたい細胞の記憶が戻ってきて眠れなくなってしまった人もいたそうです。今、地球にいる多くの人が、アトランティスやレムリア、または両方につながりを持っていると言われています。私はコンサート前のリーディングで、レムリアの黄金時代に長い間いたことがあると言われました。私にとってその時代は平和なものだったのかもしれません。

チャネリングしている仙台の友人は、「時空の扉が次々と開いて、過去と未来が融合して《根源》になるものの姿になっていく。そんな体験をした」とコンサート後に話してくれました。また、ブライアンの個人セッションも受けたもうひとりの友人は、「スフィアはこの世のものではないとてつもない膨大なエネルギーの領域から来ている」と言っていました。でもトートそのもののエネルギーではないとブライアンから聞いたそうです。あまりにもすごいエネルギーだったため、質問魔の本領を発揮することができなかったとその友人は残念そうでした。

クリスタルボウルに入れて演奏することによって、スフィアの持つ力がボウルの周波数にのって拡大されていくようでした。クリスタルボウルは高い周波数を持っています。エネルギーを瞬時に運ぶ力があります。スフィアも良いパートナーを見つけたようです。もともとアトランティスやレムリアでも、クリスタルボウルが活躍していたのかもしれません。

アトランティスのクリスタルスフィア
水を入れたクリスタルボウルに入れられた状態で、訪れた観客にも披露されました。

クリスタルボウルと出会って、音楽も人生もまったく違うものになりました

アシャーナ

初めて聴く音色に圧倒されて

シンガーソングライターとして、ボイスヒーラーとして、さらにはクリスタルボウルの演奏家としてアメリカで活躍するアシャーナが、クリスタルボウルを知ったのは一本の電話がきっかけでした。電話の相手は、スピリチュアルの師でもある友人でした。

「クリスタルボウルって知ってる？　このボウルはあなたそのものよ。あなたにぴったりなの」

クリスタルボウル？　アシャーナが初めて耳にする言葉でした。でも、友人のクリスタルボウル談義を聞いているうちに、次第に興味はふくらむばかり。まだ見てもいないのに、思わずその場で購入していました。

最初に届いたのは、一四インチ（約三六センチ）のクラシックのフロステッドボウル。音はソで、喉《のど》のチャクラのボウルでした。

「二重に包装された大きな箱から出すなり、キッチンのテーブルの上にのせてみました。《わぁ、すごい！　すごい！》って一人でやたら興奮していたのを覚えています。それからマレットを手に持ち、そっと横からたたいてみました。そしたら、一瞬で泣きだしちゃったんです」

その後、もう一度マレットでボウルをたたき、その音に声を合わせながら、さらに五分ほど泣いていたというアシャーナ。まさに劇的なボウルとの出会いでした。

「圧倒されてしまったんです。こんな美しい音色を聴いたのは、私の生涯で初めてのことでした。そしてこの音色を音楽にしなければと思いました。ボウルの中に音楽が聞こえたんです。それが一九九九年のことでした。でも実際に音楽ができたのは二〇〇五年です。その頃には、もうアルケミー・クリスタルボウル（以下、アルケミーボウル）だけになっていました」

最初のフロステッドのクリスタルボウルは、アシャーナの心に小さな変化をもたらしてくれました。さらに三カ月後にはボウルも七つになり、チャクラセットが揃います。

「その頃から師に教わりながら、瞑想にもボウルを取り入れるようになりました。チャクラに対応したビジャマントラの瞑想です。二年後には、師にボウルを使った瞑想を広めなさいと言われ、機会さえあればどこへでも出向いて無料で教えるようになりました。セヴァ（奉仕）みたいなものです。この活動が二〇〇四年頃まで続きました。私にとっては学びの時期でした」

当時、アシャーナが住むニューメキシコ州のサンタフェではボウルはまだまだ珍しい存在でした。アシャーナ自身もこの活動を通して、多くの人々のボウルに対するさまざまな反応を体験していきます。そしてアルケミーボウルとの出会いが、さらに大きな変化をアシャーナにもたらすことになるのです。

私の人生そのものを変えたアルケミーボウル

「二〇〇三年頃から、少しずつアルケミーボウルを弾きはじめるようになりました。最初に手に入れたのは、マザーオブプラチナのレでした。次にローズクォーツのミとシ。このあたりから、私の内面がガラッと変わってきたんです」

当時のアシャーナは、自分の人生に大きな抵抗がありました。恐れもたくさんありました。それだけにどちらかというと守りの体制で、なかなか前に進むことができませんでした。

「神や聖なるものとの関係は、私にとっては遠い記憶でしかありませんでした。愛からの深い分離を感じていました。すごくからっぽで、とても寂しい場所にいたことを覚えています」

そんな時に手に入れたのが、ローズクォーツのアルケミーボウルでした。

「三週間、毎日ずっと弾き続けました。本当にたくさん弾きました。そんな弾き方は普通しないものです。でも、私は弾き続けました。当時の私にとっては、静けさの中で瞑想することが難しかったからです。もちろん、ボウルだけ弾き続けていたわけではありません。ヨガもやっていましたし、子供たちに音楽も教えてもいました。でもとにかくボウルを弾くことだけはやめませんでした。言うまでもなく、ローズクォーツは聖なるハートのボウルです。癒しのボウルです。そのボウルを弾き続けているうちに、ある日突然、何かが突き抜けたんです。ハートがパキッと開いたんです。殻が割れて、そこにいきなり光がサーッサーッと差し込んできたんです。ボウルがハートの殻を破いてくれたんだと思います。ボウルが自分の感情を感じられるところまで連れていってくれました。そして『あなたが愛される存在であることを、あなたはすでに知っているはずだ』というメッセージがフワーッという感じで入ってきたんです。その他のことは何も覚えていません。でも、その感覚だけは今でもはっきり覚えています」

それから六年。今でもアルケミーボウルとの関係はどんどん深まっているというアシャーナ。当時のアシャーナと今のアシャーナとでは、外見も内面もまったく別人だとアシャーナ自身が実感しているそうです。

「その原因が何かは私にもわかりません。ボウルが高い周波数を持っているからかどうかもわかりません。でも、すごく精妙なレベルでボウルが人生に光をもたらしてくれたのは確かですね」

そして訪れた飛躍の瞬間

アルケミーボウルとの出会いをきっかけに、アシャーナの音楽の世界も大きく変わりました。

「自分の音楽に線が引けるくらい変わりました。それまでの音楽はそっち。ここからの音楽はこっちって分けられるくらい変わったんです」

ニューヨーク州のマンズ音楽大学の声楽科を卒業したアシャーナは、ソロでの音楽活動に加え、アンサンブルのメンバーとしても多くのステージに立ってきました。その音楽の種類も多種多様で、クラシックからオペラ、ジャズ、ポップスとさまざまなジャンルをこなしてきました。それら多くの音楽経験をもくつがえすほどの熱い情熱がアシャーナの中でゆっくりと育っていたのでしょう。そして二〇〇五年。アシャーナはついに音楽を作る時期が来たことを直感します。数多くの曲を聴き、プロデューサー捜しにも奔走するようになりました。そして見つけ出したのが、チャントミュージックの分野ではおなじみのスナタム・カウアーの音楽プロデューサーでもあるトーマス・バーキンでした。

「彼がプロデュースしたCDを聞いて、あっ、この人だって一瞬で思いました。自分に深く伝わってくるものがあったんです」

さっそくインターネットで調べてみました。その結果、トーマスのコンサートがアシャーナが住むサンタフェで二週間後に開催されることがわかりました。しかも驚いたことに、このコンサートがトーマスにとっては最後の舞台でもあったのです。

「もちろん、友人を連れてコンサートに行きました。トーマスに直接会って交渉するしかないと思ったんです。言うまでもなく、彼は世界でも有名なプロデューサーです。私のことなど何も知りません。当時の私は子供に音楽を教えてはいましたが、音楽活動は何もやっていませんでした。やっていることと言えば、ボウルを弾いていただけです。無謀といえば無謀でした」

しかも、当日のコンサートはクンダリーニヨガのミュージックが主体で、来場者のほとんどが白い衣装を身につけていました。全身黒ずくめの衣装を身につけていたのは、アシャーナと友人だけ。おまけに、友人の胸には大きな黄色いパイナップルのイラストが描かれていました。

「まるで私たち二人だけにスポットライトが当たっているようでした。疎外されているようで、すでに気後れしていました。コンサートのあいだ中、自分の天使たちに『トーマスと直接話すべきだと思うんだったら、はっきりとしたサインを送ってね』って話しかけていました。すごく怖かったんです」

そんなアシャーナを後押ししてくれたのは、パイナップル柄を身につけた友人でした。コンサートを終えた舞台にアシャーナを押し上げたのです。

「ファンとのおしゃべりが終わるまでじっと待ちました。もちろん心臓はドキドキです。やっと自分に番がまわってきたところで、『クリスタルボウルとワークしているアシャーナです。ボウルと一緒に歌いたいんです』って一気に自己紹介したんです」

トーマスは一瞬アシャーナを見た後、こう答えます。

「アシャーナ？　僕には五歳になる娘がいて、その一番の親友がアシャーナっていう名前なんだよ」

なんという偶然でしょう。しかもその会話がきっかけになり、アシャーナは自作の音楽のサンプルをトーマスに送ることになるのです。

「それがすべての始まりでした。彼はアーチストを選ぶ方ですし、あまりたくさんは扱っていません。本当に夢みたいな話でした」

こうしてトーマスとのＣＤのレコーディングがスタートしました。

「最初はグレゴリオ聖歌のような聖なる音楽をボウルを使って収録しようと思っていました。でもレコーディングが進むにつれて、どんどん居心地が悪くなってしまったんです。曲も歌詞も全部用意していたんですが、何かが違うんです。とうとう三日目には『もうできない。何かが違うの。何かを変えなくっちゃ。私が作りたいのは、ボウルを加えた新しい音楽なの』ってトーマスに訴えていました」

困惑するアシャーナに、トーマスは笑って「素晴らしい！　やってごらん」と応じてくれました。それから数時間後。アシャーナは新たに「アベマリア」を書き上げます。そして完成したのが、二〇〇六年に発売されたアシャーナの一枚目のＣＤ『ALL IS FORGIVEN』でした。そしてこのＣＤをきっかけに、アシャーナは彗星のごとく音楽界にデビューすることになるのです。

「まさに私の人生のターニングポイントでした。それ以来、彼と一緒に全部で四枚のCDを作りました。トーマスとは、これからもずっと一緒に音楽を作り続けていくような気がします」

衝撃を受けた日本でのコンサート

CDのデビューをきっかけに、アシャーナの音楽はアルケミーボウルと共に徐々に世界を駆けめぐるようになります。二〇〇八年秋には、日本でもファンの要望に応えてアルケミーボウル奏者の牧野持侑《まきのじゅん》さんとのジョイントコンサート「Alchemy Tones ― Ashana meets J.Makino」が五都市のお寺や美術館で開催されました。構成は第一部が牧野さんとアシャーナによるボウル演奏とチャンティング。第二部がアシャーナのCDよりオリジナル曲の「アベマリア」と「ラビング・カインドネス」他をアシャーナのボーカルと牧野さんのボウルのコラボレーションで。コンサートの最後にはアシャーナから観客に向けて「アメイジンググレース」の歌がプレゼントされるなど、盛りだくさんの内容で観客を魅了しました。初めての日本でのコンサートは、アシャーナにも大きな衝撃を与えました。

「驚きの連続でした。最初のコンサート会場は高知県の竹林寺というお寺だったんですが、みなさん聴いている間も静かに座っているんです。動かないんです。その静けさも、アメリカ人が静かにしている状態とは全然質の違うものでした。アメリカ人は静けさに入ることに慣れていません。コンサートと言えば手をたたくものだと思い込んでいます。ですから静けさはあっても、落ちつきがない静けさなんです。手をたたこうかどうしようか常に迷っているんです。もともとアメリカには、深く静かに座っているという習慣がありません。もちろん、アメリカ人も昔に比べれば変わってきてはいます。二〇世紀の初めに東洋思想のマスターたちがたくさんアメリカにやってきましたから。特にヨガナンダの影響は大きかったと思います。アメリカに瞑想の基本をもたらしてくれました」

パラマハンサ・ヨガナンダは一八九三年にインドで生まれたヨガの聖人で、アメリカに渡りその一生をヨガの伝道に尽くしました。ヨガナンダの著書『あるヨギの自叙伝』（SRF日本会員訳　森北出版）は、今でも多くのヨガの求道者に愛されている一冊です。

「ですからアメリカ人に瞑想の習慣がまったくないとは言えません。でも、瞑想というよりはお祈りなんです。神に話しかけて、神の答えを待つという感じ。これは瞑想とは異なるものです。瞑想はもっと深い静けさに連れていってくれるものですものね。私自身も静けさの中で育ったという記憶がまったくありません。一般的な教会には通っていました。でも瞑想はいっさいしませんでした。お祈りといっても、一分か二分。冗談じゃありません。それがごく普通なんです。教会では子供の頃から歌っていました。大人になってからも、ロマンカトリック教会をはじめさまざまな宗派の教会で歌ってきました。でも一回も深い静けさを持つという体験をしていません。クエーカー教会だけは違っていましたけれど、それも静けさの中に座るという感じではありませんでした」

それだけに、じっと座ったまま動きもせずに音楽に耳を傾ける日本人の姿に、アシャーナは驚いてしまったのです。初めて目にする光景でした。

「そういう意味では、教会での経験も、三〇年間続けてきたヨガも、たくさんの音楽もすべて役には立ちませんでした。日本人の前で歌う準備をさせてくれるものは、何もなかったんです。まったく新しい体験だったんです。何か歌うとしますでしょう。その歌の間も、それからその後もみなさん静かに座っているんです。それも完全にハートを開いて聴いているんです。演奏が終わった後も、ただ静かに座ってその余韻をごく自然に受け入れているんです。最初にその姿に接したときは、みんなどうしちゃったんだろう。ひどいことをしちゃったかしらって思いました。でもそのうち、だんだん理解できるようになりました。そして、今までやってきた音楽のそれぞれが、すごく生かされていることに気づきだしたんです。私の音楽のひとつひとつが、沈黙の中から扉を開いて出てくるような感じでした。日本での体験が、私の音楽の扉を全部開いてくれたんです。私の音楽をシフトさせてくれたんです」

静けさの中で歌い、ボウルを弾き続けたアシャーナ。大きな拍手が聞こえてきたのは、全部の演奏が終わってしばらくしてからでした。

「拍手が終わると、みなさんが私をじっと見るんです。《私ＯＫですか？》って問いかけたいような気持ちでした。牧野さんが笑いながら私を見ていました。そしてもっと歌いなさいって促してくれたんです。それで『アメイジンググレース』を歌いました。みなさんもご存じの曲だったのでしょう。オーッというため息とともに、私に大きな安心感をもたらしてくれました。日本でのコンサートはどれもこれもこんな感じでした。素晴らしかったですね。日本人には長い歴史に育まれたスピリチュアリティがすでに備わっていることを実感しました」

感激の連続だった日本体験

お話をお伺いしたときにアシャーナが羽織っていたのは、来日の際に購入したという日本の羽織でした。きっと私たちを意識して羽織ってくれたのでしょう。センス抜群のアシャーナならではの着こなしがとても素敵でした。

「日本は大好きです。とても素晴らしい方たちにたくさんお会いしました。すごく愛されているし、感謝されているって感じました。誰もが来てくれてありがとうって言ってくれました。そのような歓迎を何回も受けたのは、私には初めてのことでした。みなさんがとても愛しく感じました」

とは言え、アシャーナは日本語がまったく理解できません。戸惑うことも多かったようです。

「いつも誰かに頼らなければならないし、本当に大変でした。でもその反面、いいこともありましたよ。自分の内側がすごく静かになったんです。しゃべることもできませんでしたから、ただ見ていました。よく観察していました。よく聞いていました。自分のセンターに入っていました。どこの国の人も、一度は他の文化に触れ、体験することが大切だなとしみじみ思いました。それも自分の国の文化とはまったく違う文化圏がいいですね。自分のマインドや視野が自然に変わります。今まで知らなかった自分を体験できます。固定化している考えを変えることもできます。日本での体験が、まったく予想しない形で私の内側をさらに深く開いてくれたんです。お気に入りの場所もいっぱいありました。そのなかでも忘れられないのが広島県の西光禅寺です」

六〇〇年の歴史を誇る西光禅寺は臨済宗妙心寺派の小さなお寺で、現在の住職は壇上宗謙和尚です。国蝶のオオムラサキをはじめ、ムササビやウサギが生息する自然豊かな山中にあります。

「大きめのバンにボウルやキーボードをすべて積み込んで、牧野さんと一緒にお寺に向かったんですけれど、行けたのは山の途中まで。そこからは道が狭くて大きな車では登れないんです。住職の宗謙さんがお寺から迎えに来てくださったんですが、なんとも小さくてかわいらしい方でした。一緒に荷物を小さなトラックに移しかえてくださったんですが、その顔が喜びであふれていてなんとも魅力的でした。そのまま一緒にトラックでお寺に向かったんですが、ほんの短い距離にもかかわらず、境内に着いて外に出たらまるで魔法の世界でした。大きな木に囲まれるように小さな本堂が建っていたんです」

宗謙住職の入寺は二〇〇二年。当初は檀家も少なく本堂も茅葺きでボロボロの状態でした。その後、各地での「慈悲と慈愛を育てる心の学校」開催や宿坊や精進料理の提供といったユニークな活動を通して徐々に人気の山寺として知られるようになりました。さらに二〇〇六年にすすめられて境内を掘ったところ、二つの井戸からそれぞれ異なる水質の名水が湧き出し、全国でも話題になりました。名水の名は瑠璃水と甘露水。同年には、ヒーリングミュージック界の女王としておなじみのスーザン・オズボーンを招き、奉納コンサートも開催しました。スーザンもそれら名水のピュアな味わいに感激したそうです。

「宗謙さんは、組織の偉い人からたったひとりでそこに送り込まれたそうです。宗謙さんもはじめから出家するつもりでそのお寺にやってきたみたいですね。私が訪ねたときは、ちょうどお庭を作っているところでした。とてもユニークなお庭で、宇宙を表現しているんです。昴や銀河もありました。日本庭園というよりも、芸術的なお庭で感心してしまいました。もちろん、そのようなお庭を見たのも初めてでした」

その庭園は八カ月の月日を要して二〇〇八年一二月に完成しました。その名も「龍王（北斗七星）・鳳凰（南斗五星）・枯山水庭」。完成時には、美しい虹が出たそうです。

「そのお寺でのコンサートが本当に素晴らしかったんです。観客は二〇人ほどでした。寒い日だったにもかかわらず、外の寒さをさえぎるのは障子だけ。私はセーターを重ね着して歌いました。みなさんは、お寺の本堂にセットされたコタツにあたりながら静かに演奏を聴いていました。本堂の観音様に向かって歌ったんですが、その観音様も静かに耳を傾けているようでした。宗謙さんは聴きながらビデオを撮っていました。牧野さんも歌ったり、ボウルを弾いたり、キーボードを弾いたりと大活躍でした。それらひとつひとつの光景が、今でも忘れられません」

西光禅寺では小さな宿坊での寝泊まりも体験したアシャーナ。初めてのコタツに感激しながら宗謙住職にお寺にまつわる話を聞いたり、土地の人に疲れた体に気を入れてもらったりもしました。小さなお寺でのそんな体験が、アシャーナの大切な思い出になっているようです。ぜひまた日本を訪れたいというアシャーナ。日本のファンからも、再来日を望む声がたくさん届いています。

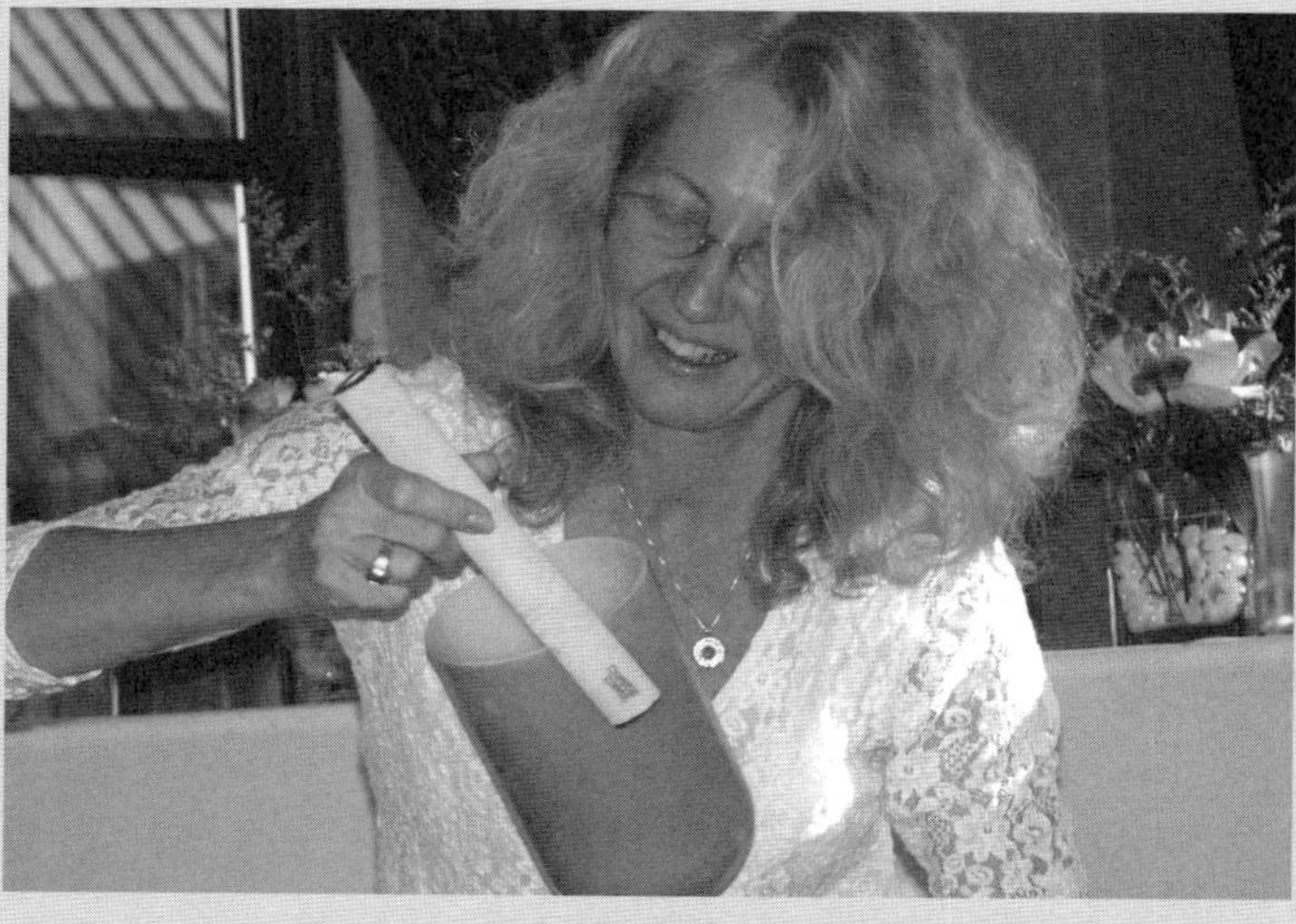

ワークショップで演奏を披露するアシャーナ。全身を使ってのパフォーマンスはとても情熱的で、心惹かれるものでした。2009年秋に開催されたサイ・マーのリトリートでのワークショップで。

声を味方に一歩ずつ。クリスタルボウルが加わって、心強い仲間が増えました

音妃《おとひめ》

声を使った自己治癒に挑戦！

KinKi Kidsや少年隊への楽曲提供に加え、シンガーとしても活躍していた音妃さんが、声の素晴らしさを実感したのは六年ほど前のことでした。

「結婚を機にしばらくお休みしようと思って、音楽活動をいったんすべて停止しました。それが良くなかったみたいですね。ほとんど家にこもりっぱなしで、そのうち体調がおかしくなってきたんです。頭痛と微熱に吐き気まで加わって、本当に辛かった。病院の診断では偏頭痛あるいは緊張性頭痛ということで、処方していただいた薬を飲みはじめたんですが、どうも体に合わない。《これって飲み続けて大丈夫?》っていう感じだったんです」

藁にもすがる思いだった音妃さんは、〈自分の体を治すのは自分しかいない〉と決心します。まずは薬を漢方に切り換え、ヨガに通い、瞑想の本を読んで実践するようになりました。

「その瞑想をしている時に、不思議なビジョンを見たんです。ヨーロッパ中世のケルト圏の

教会のような建物でした。中年のふくよかな女性が、体調の悪い人を相手に声を使ってヒーリングをしているんです。その声がキーンと耳をつんざくような高音で、超音波のようでした。しかも驚いたことに、その中年の女性の顔が私だったんです。《こんな単純な方法で治るの？》って思いました。でもなんとなく気になって、とりあえず声を使ったヒーリングについて調べてみたんです」

その結果、ヴォイスヒーリングの存在を知った音妃さん。さっそくワークショップにも通いはじめました。しかしその内容は、声から情報を読み取りアドバイスを施すというもので、音妃さんが求めていたものとは違っていました。でもそこであきらめないのが、音妃さんの素晴らしいところ。ホリスティック医療やヒーリング関連の勉強を開始するとともに、シンガーとしての経験を活かし、声を使った自己治癒をスタートします。

「とりあえず、体の振動を感じながら、さまざまな声を即興で出していきました。そのうち高い声で振動する部分や、低い声で振動する部分があることが次第にわかってきたんです」

辛抱強い自己治癒は三年ほど続き、気づいた頃には体調もすっかり良くなっていました。そんな音妃さんに次の出会いが訪れます。それは、二〇〇五年の暮れのことでした。

トム・ケニオンの『ハトホルの書』

「ネットで本を探していたら、トム・ケニオンの『ハトホルの書』の表紙がパッと目に飛び込んできたんです。その瞬間、体にビビッと電気が走りました。もちろん、著者も本の内容もまったく知りませんでした。ただ読んでみたいという思いだけで、取り寄せました」

さっそく読みはじめた音妃さんの目を釘付けにしたのが、「鍵としての音」の章でした。「声が身体レベルや意識レベルにどのように作用するかが詳しく書いてありました。読みながら、《そうよね、そうよね》って納得していました」

声がもたらす効果をよりいっそう日々実感していったという音妃さん。ついには、友人をモニターに、個人ヴォイスレッスンを自宅で行うようになりました。人数は三カ月で三〇人ほど。いずれも同年代の女性が対象でした。リサーチを兼ねてのワークでしたが、成果は上々。大きな手応えをつかむことになるのです。

「相手の声を聴いているうちに、ビジョンが見えたり、そこにはいるはずのない存在を感じたりということが何度もありました。それも友人に正直に伝えて、感想を聞きました。なかには思いがけない話や悩みを打ち明けてくれる友人もいて、私がびっくりしまうこともありました。友人たちの知らなかった側面までポロポロ出てくるんです。発声しながら涙を流す人もいました。でもレッスンが終わった後は、みんなすっきりした笑顔になるんです。へとへとになりましたけれど、声を出すことの大切さを実感した三カ月間でした」

音妃さんはその後、個人ヴォイスレッスンの教室を不定期でオープンします。

「鼻から思いっきり息を吸ってフーッと吐く息に声を乗せていきます。出している声に意識を向けるのではなく、体そのものや内側の感覚に意識を向けながら声を出していきます。エネルギーが体のすみずみまで広がって、徐々にさまざまな反応が出てきます。生徒さんたちの反応も、力強い声が出せるようになったとか、小さなことにうじうじしなくなったとか、言いたいことを口に出して伝えられるようになったとか、本当にさまざまでした」

その教室も、一年後の二〇〇七年には本格的に声を使ったワークショップへと発展します。その名も「ハトホル聖歌隊」。月一回ペースの六カ月コースで、受講生たちにも好評です。

「けっきょく、ワークショップでの一番の成果はシェアリングです。声を出した後の感想を話すことによって、ふと気づいたことや、感覚や感情の変化を分かち合う。それによってお互いを納得したり、サポートし合う。そういう時間がとても大切なんだと思います。私はあくまで進行役です。声を出すことによって、凝り固まっていたブロックが簡単にはずれることもあるんだなって、しみじみ感じています」

声の世界を広げてくれたクリスタルボウル

音妃さんが『ハトホルの書』と出会った直後、二〇〇六年には、もうひとつの大きな出会いがありました。

「友人宅で誕生パーティーがあって、そこに招待客のひとりがクリスタルボウルを持ってきたんです。クリアとアルケミーのクリスタルボウルで、合わせて五個ほどでした。そのボウルの音色に合わせて、私が即興で歌を披露したんですが、不思議な感覚でした。初めてなのに、ごく自然に一緒に歌いたくなったんです。ボウルの音色も歌声に共鳴するのかより大きく広がって、まるでボウルが一緒に歌ってくれているみたいでした。ボウルも生きてるんだなって思いましたね。一緒にいたみんなも、鳴らしていないボウルまで鳴ってたって大騒ぎ。その場で録音する人もいたくらい衝撃的でした」

その時のボウルの持ち主との交流がきっかけになり、一年後にはボウル演奏を加えたコンサートを開催しました。ボウルとの共演は音妃さんにとってもとても新鮮で、さまざまなシーンが浮かんでは消えていきました。もちろん、音妃さんのボウルへの関心はふくらむばかり。ついには自分でも演奏してみたいと思い立ち、さっそくボウルアルケミストの牧野持侑さんにワークショップをお願いしました。

「伊豆にある牧野さんのアトリエ『くりすたり庵』にうかがったんですが、アルケミー・クリスタルボウル（以下、アルケミーボウル）がたくさん置いてあって、その種類の多さにびっくりしました。牧野さんにはボウルの演奏だけでなく、倍音を使ったモンゴルのホーミーのようなトーニングも教えていただきました。それで倍音にもよりいっそう興味を持つようになったんです。人間も声で倍音が出せるなら、倍音豊かなボウルと一緒に歌えたらどんなに楽しいだろうなって」

その思いがつのって、ワークショップ直後にはクリスタルトーンズ社に電話を入れていました。

「クリスタルトーンズ社では、ちょうど絵の入ったシリーズを実験的に作っているところでした。『クジラの親子のボウルがあるけど聴いてみる？』って言われて、電話越しに何種類か聴かせてもらいました。その中のひとつが、いま私の手元にあるプラチナのアルケミーボウルです。ああ、これだって感じで即決でした」

心強い相棒と共に再デビュー

二〇〇七年の暮れに届いたそのボウルは、以後、音妃さんの大切な相棒になりました。

「初めて手にした瞬間に、ああ、私に必要なものはこれだったんだなって直感しました。とにかくそばにいるだけで心強いんです。クリアボウルにプラチナが配合されているんですが、光の加減によって虹色に輝きます。それがなんともきれいで大好きです。コンサートではボウルが私を強力にサポートしてくれます。音は第二チャクラに対応するレの音です。レの音を選んだのは、どちらかと言うと苦手だった低い音が欲しかったからです。牧野さんにも低い音もいいよって何回も言われていましたから。以前に比べると低音域の声もしっかり出るようになりましたし、声量のバランスも良くなったような気がします」

もちろん、ボウルはワークショップでも大活躍です。雰囲気を和ませてくれるだけでなく、生徒さんたちにもなんらかの恩恵をもたらしているようです。

「ワークショップにいらっしゃるのは女性が大半ですが、プラチナの女性性のエネルギーがみなさんをサポートしているような気がします。なかにはとてもきれいになった方やおしゃれになった方がいらっしゃるんですよ。細胞が活性化して輝き出すようです。七〇パーセント以上が水分でできている私たちの体は、日常でも無意識のうちに声や音による影響をたくさん受けていると思います。だからこそ、声を意識し育むことって大切だと思います」

「ハトホル聖歌隊」第三期の最後のワークでは、イルカやクジラと意識をつなげて声を出してみたいという生徒さんたちの要望に応えて、クジラのスピリチュアルガイドとつながるヴォイスワークを行いました。もちろん、クジラの親子のボウルは大活躍です。意識は海へと広がり、それぞれがクジラファミリーと出会う素晴らしい卒業記念になりました。

「アルケミーボウルを弾くと、振動で体が震えます。細胞がピリピリします。体全体にビンビンくることもありますし、背中にゾワゾワって感じることもあります。波動が上がって、声に含まれている倍音成分がボウルの倍音と共鳴しやすくなるんです。体全体が温かくなって、気持ちも心地よくほぐれてきます。ボウルを弾くのは、ヒーリング効果が目的ではありません。でも、自然にそうなってしまうようですね」

音妃さんは現在、それまでに蓄積したノウハウや知識を背景にした独自のメソッドを「ヴォイスアルケミー」と名付け、活動を展開しています。ボウルの倍音や声が持つ可能性を、これからも多くの人たちに伝えていきたいという音妃さん。さらに二〇〇九年の春には、数年ぶりにCDもリリースしました。CDアルバム『スカラベ』には、ボウルと一緒に録音した楽曲もいくつか含まれています。音妃さんにとっては、本格的な再スタートと言えるでしょう。同年の夏にはさらに新たなアルケミーボウルも加わり、ボウルとの活躍がどのような展開を見せるのかが楽しみです。

クリスタルボウルと一緒に再度CDデビューを果たした音妃さん。2010年の春にはプロモーションビデオの制作もスタート。もちろんクリスタルボウルも一緒に登場します。

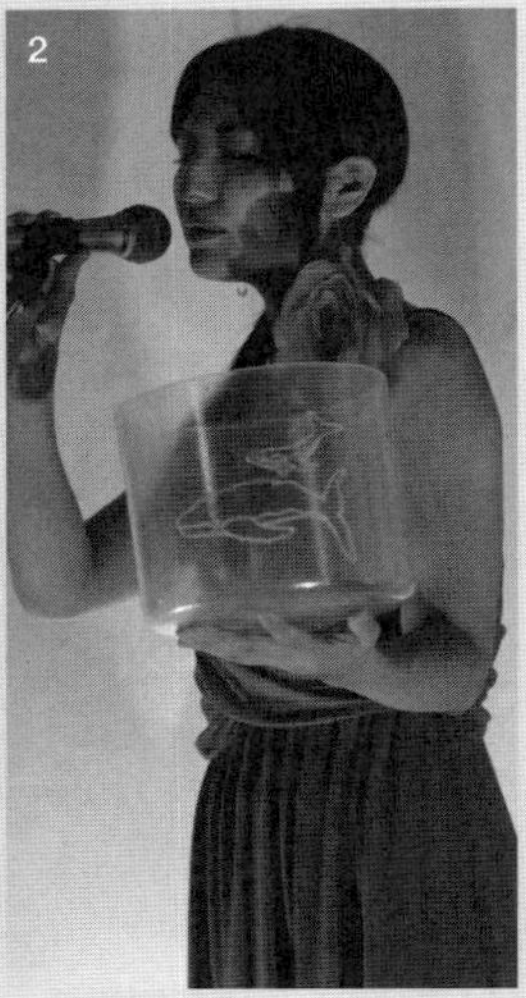

1. お気に入りのクジラの親子のボウル。クリアボウルにプラチナが配合されています。音妃さんによると、プラチナの女性性のエネルギーがコンサートやワークショップに訪れた人々の細胞を活性化するのだとか。きれいになったりおしゃれになった人も少なくないそうです。

2. 2009年7月に開催された「マヤの新年ライブ」で。ここでもクジラの親子が一緒です。

写真提供：加藤マカロン

音妃さんのヴォイスレッスン――鈴木《すずき》真佐子《まさこ》

二〇〇九年八月にトム・ケニオンのワークショップに参加しました。トムは「ただ座っていてください」と言いながら、素晴らしい独特のトーニングで参加者全員のチャクラを活性化してくれました。肉体レベルで第一チャクラから順番に活性化されていくのをはっきりと感じることができました。その続きを自分でやってみたいと思い、音妃さんにレッスンをお願いしました。

●1日目（一時間三〇分）

体をリラックスするために、まずは瞑想からスタート。鼻から息を吸い、口からゆっくりと息を吐いていきます。

「歌とは本来自由なものです。星を見ながら、自然を感じながら出てきたメロディーから歌は誕生しました。最初はなかなか声が出なくても、気持ちよく続けていれば自然に声も出てきます」

声を出すのが苦手な私。音妃さんのその言葉に、次第に緊張もほどけていきました。音妃さんによると、自分の内側に向かって声を出していくと自然に倍音も出てくるそうで、ホーミーまでいかなくてもそれに近い音にはなるそうです。同じことを牧野持侑さんもおっしゃっていました。倍音をきれいに出している人の声は、聞き心地も良いそうです。

さらにリラックスするため、足からエネルギーを吸い込み、下半身、上半身、腕、手、頭のてっぺんにまで気を送り込んでいきます。でも声を出すと思うだけで体はコチコチ。歌手のアシャーナのヴォイスレッスンをはじめ何度かトーニングのレッスンは受けているのですが、間があくと体も忘れてしまうようです。リラックス終了後、驚いたことに音妃さんが私のエネルギーを感じ取りメロディーにのせて歌ってくれました。なんともうれしくなって、声を出す心構えもできてきました。

【エクササイズ1】

両足を肩幅に開いて立ち、中心線を頭のてっぺんから地球の中心まで描いて自分の軸を作り、八つのチャクラの音を出すトーニングワークに入ります。チャクラは低いドから高いドまでのドレミファソラシドに合わせて八箇所。ここでは、ジョナサン・ゴールドマンの「マントラとしての母音」を参考に、チャクラごとにそれぞれ「ア」、「ウー」、「オー」、「アー」、「アイ」、「エイ」、「イー」「ア」とボウルの音にのせてゆっくりと出していきます。

まずは、絶対音のサイ・マーボウルがドの音なので、これに合わせて第一チャクラ（ベース）からスタート。これはアシャーナのワークショップで体験していたので、なんとかクリアできました。さらに第二チャクラ（仙骨）のレ。第三チャクラ（太陽神経叢《そう》）のミ。第四チャクラ（ハート）のファ。第五チャクラ（喉《のど》）のソ。第六チャクラ（第三の目）のラ。第七チャクラ（クラウン）のソと第八（ソウルスター）のド（高いド）とチャクラに対応した音のボウルを弾きながら、音妃さんの声に合わせて声を出していきます。

ハートのファはすごく胸に響きました。喉のソの音もビリビリして活性化しているのを感じます。つい先日のトム・ケニオンのワークショップで感じたのと同じ感覚でした。

第六から第八までの上のチャクラはかなり高い音で、自分としては初めて出した声でした。出るはずがないと思っていただけに、不思議でした。

【エクササイズ2】

自分のハートに音声で話しかけます。ハミングでもかまいません。メロディーをつけてもいいでしょう。最後に自分のハートの情熱を音声で表し、情熱の炎をハートで感じます。炎で自分のオーラを囲み、それを相手に流します。これは素晴らしく気持ち良いものでした。

音妃さんによると、最初は緊張してしまう男性でも、ヴォイスレッスンの後半にはたくましい声が出るようになるそうです。日常生活では眠っている全身の筋肉を使って発声するため、筋肉痛になるケースもあるとか。「もしかすると明日は体が痛むかもしれませんね」と言われてしまいました。

●2日目（一時間三〇分）

【エクササイズ1】音を体で表現する

体の中心線と二本の足を意識しながら、自分が大地の木になったつもりで立ちます。腰から大地とつながっていることをしっかり意識します。そしてゆっくり深呼吸。新しい酸素のエネルギーで体中を満たします。あくまでもゆっくりとした動きが基本です。

「吸い込んだ息が光となって体の隅々を満たします。オーラフィールドも光で満たされます。そして古い周波数を口からゆっくりと吐き出していきます」と音妃さん。

これはドレミファソラシドの音が体のどこから出ているかを動きながら体感していく方法です。

両手を体の両脇にぴったりとつけて目線をやや下に向けて「ドー」と声を出していきます。「レー」で三〇度、「ミー」で六〇度と両手の角度を少しずつ体から離して声を出します。腕を九〇度にして、天と地をつなぐラインと水平の線のエネルギーがハートの中心でクロスするのを感じながら「ファー」と声を出します。意識を上下左右にハートから広げていきます。両手の手のひらを天に向けてさらに三〇度上げ、意識を遠く高く広げながら「ソー」。羽根が生えて広がっていくようなイメージです。さらに遠くに羽ばたくように目を上げ気味にして「ラー」。さらに「シー」。高い「ド」は、声を伝える光の柱になるように出していきます。グラウンディングがしっかりできていれば、高いドもたくましい音になります。この一連の流れをたっぷり三〇分。

【エクササイズ2】感覚を音で表現する

トラウマを思い出しながら、その感覚と向き合って声で表現していきます。もめ事のあった事件を思い出し一瞬落ち込んでしまいましたが、あくまでも客観的に心の目でそのハートを観察するのがポイント。ハートを観察する意識で母音の「ア」を出していきます。一歩離れて観察しながら音にしていきます。ハートに寄り添う感じです。「ハートにポンと手を置くイメージです」と音妃さん。ハートは心地よい音を出していました。その後、録音しておいた自分の音をクロマチックチューナーで測ってみたら、ファを中心にファ#とソの間を行ったり来たりしていました。

【エクササイズ3】トラウマのヒーリング

「ローズクォーツボウルのローズ色がたくさんハートに入っていく音を出しましょう」と音妃さん。そこで、声を音妃さんにリクエスト。音妃さんが右まわりにボウルの縁をマレットでまわしながら美しい声で歌ってくれました。一般にエネルギーを入れるのは右まわり、出すのは左まわりとされています。

「真佐子さんも一緒に歌いましょう。自分の声でローズの光をいっぱいハートに入れてあげます。ローズクォーツのエネルギーが色と一緒に広がっていきます。ローズの光が満ちて部屋中に広がっていきます」

音妃さんは倍音です。私もつられて倍音。音はファ#になっていました。ハイ・ハート（胸腺）

の聖なるハートの音です。両手にジリジリとエネルギーが流れ、すっかりいい気持ち。不思議な世界になっていました。

●3日目（一時間三〇分）

【エクササイズ1】マントラ「オン・マニ・ペメ・フム」のトーニング

音妃さんがネパールのチベット自治区に滞在した時、この「オン・マニ・ペメ・フム」の曲がいたるところで流れていたそうです。「オン・マニ・ペメ・フム（Om・Mani・Pedme・Hum)」は慈悲の化身である観音菩薩の真言とされ、チベット仏教徒によって最もよく唱えられているマントラです。チベットでは、岩やマニ車、ヤクの頭蓋骨などにもこのマントラが彫られています。この真言を唱えることによって、悪業から逃れ、徳を積み、苦しみの海から出て悟りをひらく助けになると信じられています。意味は以下の通りです。

オン（Om）――私たちの不浄な体・言葉・思考とともに、高尚純粋な釈迦の体・言葉・思考を表しています。

マニ（Mani）――宝石を意味します。秩序、慈悲、他者への思いやりなど悟りを開くための要素を表します。

ペメ（Pedme）――蓮を意味します。知恵を表します。泥の中に生えていても泥に染まらない蓮は、私たちを矛盾から救い出す知恵の本質を示しています。

フム（Hum）――分離できないものを意味します。秩序と知恵が調和することによっていたる純粋な境地を表します。

音妃さんによると、この「オン・マニ・ペメ・フム」のマントラを唱えると、グラウンディングを実感できるそうです。チベットでは朝と昼に広場のステューパ（神社）の周囲を三回まわりながらこのマントラを唱えます。そこで、「部屋の中を歩きながら声を出してみましょう」ということになりました。

その後、座って三〇分ほどチャンテイング。ボウルを弾きながら歌ったり、声だけで歌ったりしました。素朴な節まわしだったため、音程が不確かな私でも充分に楽しめました。たまたま合わせて弾いたボウルがインジウムが入ったボウルと気づき、「アンチエイジングの効果もありますね」と爆笑してしまいました。

【エクササイズ2】マントラ「ヨット・ヘイ・シン・バブ・ヘイ（YHSVH／Yod Hey Shin Vav Hey）のトーニング

ヘブライ語の神の名「ＹＨＶＨ（ヨット・ヘイ・バブ・ヘイ）」のことかと思ったら、聖なる母の名が入っているとのこと。後で調べたら、ジョナサン・ゴールドマンがこのマントラをレコーディングした『Holy Harmony』というＣＤを出していて、説明が書いてありました。

「特殊なワークショップで、グループごとに『ヨット・ヘイ・シン・バブ・ヘイ』をチャンテイングしてもらったところ、その効果は特別なものでした。聖なる周波数によってバランスの崩れたネガティブなエネルギーを浄化します。特に胸腺に関係するエネルギーセンターを活性化し、そのエネルギーを定着します。キリストのエネルギーを定着するようなものです。このエネルギーには、私たちの細胞構造やＤＮＡを再構築する力があります」

ジョナサン・ゴールドマンはこのチャントを夢で見て、キリストの聖なる名前だと直感したそうです。彼はイスラエルに住んでいたエッセネ派が、メシアを迎えるためのチャントとして儀式に使っていたとも信じています。

トーニングに使ったボウルがファ#だったので、「ハートの音が宇宙を漂うかも」と音妃さん。まずイメージとして、丹田からグラウンディングのためのコードを地球の中心に降ろしていきます。そしてハートを意識します。音妃さんが心地よく繰り返す高音の「ヨット・ヘイ・シン・バブ・ヘイ」を耳にしながらなんとか真似します。後で録音した自分の声をクロマチックチューナーで測ってみたら、ちゃんと声もハイ・ハートのファ#になっていました。その音を出してみます。胸腺あたりが刺激されました。ジョナサン・ゴールドマンが言っていた通りでした。

音妃さんが三度高めのラでハモって歌ってくれました。喉に響きます。

「何人かで一緒に歌うと、グレゴリオ聖歌のように天界の音楽を思わせる美しい響きが生まれます」

と音妃さん。

男性でもファルセットで歌えるそうです。気づくと声を出してリラックスすることにもすっかり慣れていました。

さらに意図的にワクワク生きていけるように声を出していきます。好きなことを思い浮かべたりしながら、「ワー」、「アー」、「アー」。視界を広げるように一〇分から一五分。

「ハートに広がっているこの感覚を細胞のひとつひとつになじませていきます。オーラにもなじませていきます。細胞やＤＮＡがこの感覚を記憶していきます」と音妃さん。

そしてこの感覚を地球にもつなげ、最後に再びハートに意識を戻し、そのままゆっくりと呼吸します。

一連のレッスンを終えて、声は自由でいいなと実感しました。意図しながら声を出すと意志の具現化が速くなるだけでなく、体もほぐれてきます。深く深呼吸するので、美容にもいいと思います。

ほんの好奇心から指導者に。私を変えたクリスタルボウル

鉅《おお》鹿《が》由《ゆ》槻《き》子《こ》

クリスタルボウルに感謝！――一〇年間常用の薬も不要に

鉅鹿由槻子さんがクリスタルボウルに出会ったのは二〇〇五年。たまたまその存在をインターネットで発見したのがきっかけでした。

「クリスタルボウルって何だろう、どんな音がするんだろうって思いました。その好奇心に引きずられて、とりあえず聴きにいってみました。会場には、クラシックのフロステッドボウルが七つ並んでいました。演奏が始まると、まろやかに包み込むようななつかしい感覚がなんとも不思議で、すっかりその音色に魅了されてしまいました。それで一カ月後にまた聴きにいったんです」

当時の鉅鹿さんの仕事はＩＴ関連のエンジニア。仕事と主婦業の両立にストレスを感じることも少なくありませんでした。おまけに持病の橋本病を抱え、薬が欠かせない状態が一〇年以上続いていていました。

「二回目のクリスタルボウル体験は強烈でした。突然、空気のボールのようなものがググググッて上がってきて、《息ができない！》と思った瞬間に、フワーッと溶けていったんです。橋本病って甲状腺の病気なんですが、もしかしたら薬を手放すことができるかもしれないと直感しました」

その後も鉅鹿さんの月に一回の会場通いは続き、薬に加えストレスも徐々に薄れていきました。しかしそれもつかの間。仕事に忙殺されるようになり、通うことができなくなってしまったのです。

「これはまずいと思いましたね。でも、また薬に頼るのは嫌でしたし、自己治癒力を信じて自分であみだしたトーニングを始めました。七つのチャクラごとにそれぞれの色をイメージしながら、自分の声と一緒に光の球体を勢いよくまわすんです。ドレミファソラシの音階もつけて。効果は上々で、滞っていたエネルギーも以前のように流れるようになりました。たぶん、体がクリスタルボウルの音を思い出したんでしょう。それでこれはもうボウルを手元に置くしかないと決心しました」

口コミから養成コースを開設

最初に鉦鹿さんの家にやってきたのはクリスタルトーンズ社のクラシックのフロステッドボウルが三個。追ってニュータイプのクリアボウルも加わり、ボウルに対する愛着はどんどん深まっていきました。

「四個揃ったのがうれしくて、〈買っちゃいました！〉ってブログにアップしたら、聴いてみたいっていう反響が結構あったんです。それで自宅で聴いていただくようになったんですが、二〇代から四〇代を中心に、ヒーリング関連の方はもちろんのこと、本当にさまざまな方が次から次へと聴きにいらっしゃいました」

さらに購入から数カ月後には、近くの公民館で演奏会という形でボウル演奏を披露するようにもなりました。また演奏会の要請があれば、中国、関西、九州へと自ら重いフロステッドボウルを担いで出向くようにもなり、全音が揃った一年後には、教えてほしいという要望まで出てくるようになったのです。

「教えるために、まずはレッスンに通って学ぼうと思っていました。そんな時に突然、《クリスタルボウルが教えてくれるよ》っていうメッセージが夢に出てきたんです。そのメッセージに意味を感じて通うのはやめました。クリスタルボウルはメロディー楽器でもないし、リズム楽器でもない。言わば、より高い次元の自分とつながるための楽器です。大切なのは、クリスタルボウルとのコミュニケーションであって知識じゃありませんものね。この点は、雅楽とも共通しています。ですから、神官や巫女さんの心構えで弾いていただければという主旨で、指導させていただくことになりました」

ちなみに鉅鹿さんのご先祖は宮廷雅楽師。鉅鹿さん自身も一時は音楽家を目指して本格的に学んでいました。それに二〇年近く自宅で塾を経営していたというだけあって、教え方も良かったのでしょう。練習会という形でスタートした教室もすでに四年余りが経過し、今では「クリスタルボウル奏者養成コース」と内容も充実したものになりました。受講には、男性を含め、自営業、会社経営者、会社員、技術者、整体師、ヨガの先生、お寺や神社関係者、セラピスト、主婦と、実にさまざまな職業の方々が訪れています。二〇〇八年の四月には、クリスタルボウル演奏と奏者養成コースにおいて「東久邇宮記念賞」も受賞しました。

「教室ではアルケミーをはじめ、クラシックやウルトラライト、クリアなど、さまざまなクリスタルボウルを取りそろえています。生徒さんには、まずはその違いを体感していただきます。タイプごとに異なる音質を直接比較体験することによって、〈音質の違いのわかる演奏者〉になっていただきたいからです。数人で一緒に音を鳴らすと音質どころではなく、音酔いする人も出てきますので、すべてマンツーマンです。修了者は演奏者としてどんどん紹介し、演奏会のバックアップもしています。私としては、クリスタルボウルの素晴らしさをできるだけ幅広いたくさんの方々に知ってもらいたいんです。そのためにも多くの演奏者を育て、末永くサポートしていきたいと思っています。そのための養成コースなんです」

演奏に必要なのは無の心とボウルへの愛情

教室では、まず他の楽器でもヒーリング効果が高いと言われるシューマンウェーブ効果と第五ハーモニクスについての説明をしてから実技に入ります。

「シューマンウェーブ効果とは共鳴効果の一種で、一般の楽器では半音違いで現れます。でも広帯域のクリスタルボウルの場合は、同じ音階同士で出る確立が高く、音と音が編み込まれるように上へ上へと昇っていきます」

音が左右の耳に交互に強く響くため、初心者でも体と心のバランスが整っていくのを容易に体感できるとか。

「シューマンウェーブ効果の威力はすごいんです。わずかな時間で容易にリラクゼーション状態に導くことができますから。ボウル同士の相性が効果を発揮する結果とも言えるでしょうね」

また日常的にクリスタルボウルを弾いているなかで、さまざまな奏法も明らかになってきました。鉅鹿さんは、それら奏法にも独自の名称を付けて教えています。

「やはり名称がないと覚えにくいかなって思ったんです。『スキップ奏法』、『さざ波奏法』、『オーケストラ奏法』、『S字奏法』といった名称を付けたいくつかの奏法を考案していますけれど、いずれも優しく触れる程度のたたきとなでるようなまわしが基本です。手首を使わず、力を抜いて肩から動かす。そうすれば、エネルギーの流れがさえぎられることもありません。でも、奏法より何より大切なことは、赤ちゃんのような自由で真っ白な気持ちでボウルに接するということでしょうか。無の心でということです。日常の感情をひきずっていると、クリスタルボウルは増幅器ですから、周囲にもその感情をばらまくような結果になってしまうので責任重大です」

なかには普通に軽くたたいただけで割れたり音が出なくなってしまう人もいるとか。その場合も演奏者の破壊エネルギーやネガティブなエネルギーが強すぎた結果だそうです。

「ボウル自身が、それらのエネルギーを浄化しきれなくなるんでしょうね。でも、普段から家族の一員のような感覚で大切にかわいがっていれば、多少のことがあっても壊れることはありません。私は枕元にも二、三個置いています。寝る前や朝目覚めた時にやさしくポンポーンと鳴らしています。それだけで、まっさらな気持ちで眠ることができますし、朝、気持ちよく目覚めることもできます。健康とアンチエイジングのためにも、日常の感情やストレスをひきずらないことがとても大切だと思います」

二〇〇六年には、自宅でクリスタルボウルとティンシャのみのCDも作成しました。タイトルは『天上のハーモニー』。癒しの音色が鉅鹿さんファンにも好評です。

指導を通してクリスタルボウルの輪をさらに広げたい

今ではクリスタルボウル三昧の鉅鹿さん。ボウル購入を希望する生徒さんやネットショップを通じてのファンの声に応えて、自宅の一部を改装したショールームも開設しました。さらにチャクラの色に合わせたボウルシートに加え、瞑想やワーク用にとシルクショールも自作しました。

鉅鹿さんによると、今の私たちに特に必要なのは♯系チャクラに対応するボウルだそうで、ホルモンバランスや第六感以上の能力を促す松果体チャクラのラ♯、活性化するとあらゆるウイルスに対する免疫力ができるという胸腺チャクラのファ♯、統合を促す二元性チャクラのレ♯のボウルがおすすめとか。♯系チャクラは普段は見逃されがちなチャクラだけに、癒しの効果も大きいそうです。さらにやる気や情熱をアップしたいのなら、ジールポイントチャクラ（後頭部の下部分）対応のソ♯が最適とのことでした。

「さまざまなタイプのクリスタルボウルができてからは、以前のようにセットにこだわる必要もなくなりました。クラシック以外のクリスタルボウルはすべて、一個で二つから四つの音階を持っています。ですからひとつ身近にあるだけでも、さまざまな使い方ができると思います。さらにクリスタルボウルは大きさによってオクターブが異なります。ある程度の個数をお求めになる場合は、できるだけサイズ違いで揃えるといいですね。重ねて収納できますし、移動にも便利です。それに音域の幅も広がりますし、より次元の広がりも体感できると思います。またタイプもできるだけ偏らずさまざまなタイプを一、二個ずつ揃えるのがおすすめです。音質の幅も広がりますし、豊かな音色にたっぷり浸ることができますよ」と、入手の際のポイントも加えてくれました。鉅鹿さんが指導した生徒さんたちの輪がどこまで広がりを見せるか。今後の展開が楽しみです。

より多くのクリスタルボウル奏者を育てたいという鉅鹿さん。クリスタルボウルと出会ったことにより、人生そのものも大きく変わりました。

自宅の一部を改装したショールームで。鉅鹿さんならではのコレクションが所狭しと並びます。ボウルの中には珍しい日本製のものもありました。

付記　クリスタルボウル一覧

——その種類と特徴

ここでは、クリスタルボウルの種類をはじめ、アルケミー・クリスタルボウルに混合された貴金属やジェムストーン、鉱物についてまとめてあります。混合物それぞれの効果やエネルギーについても簡単にご紹介していますので、ご参照ください。なお、ここにご紹介するクリスタルボウルは、すべてアメリカのクリスタルトーンズ社製です。「アルケミー」という名称も同社オリジナルのものであり、製造も同社が行っています。

＊＊＊

アルケミー・クリスタルボウル

九九・九九二パーセントのほぼ純粋な水晶（クォーツクリスタル）に貴金属やジェムストーン、鉱物などを混合し、華氏四〇〇〇度（約摂氏二二〇〇度）の特殊釜で焼き上げたクリスタルボウルです。非常に高い周波数と共振性、さらに豊かな倍音が特徴です。

＊一口にアルケミー・クリスタルボウルと言っても、同じボウルはひとつとして存在しません。すべて

が手作りのため、同じ種類のボウルであっても、サイズや色合い、音色、周波数、波動が微妙に異なります。また同じローズクォーツのボウルでも透明なボウルもあれば、不透明なボウルもあります。巻頭の折り込みカラー頁ではそれぞれ一種類ずつをご紹介していますが、詳しくお知りになりたい場合はクリスタルトーンズ社にお問い合わせくださるか、日本のディストリビュータにお尋ねください（巻末〈取材協力者一覧〉参照）。

1 ローズクォーツ（紅水晶）……愛の活性化

「優しい愛の石」として人気の天然ローズクォーツを混合したハートのボウルです。変容をもたらす道具として、アメリカのスピリチュアル部門における賞を受賞しました。優しくハートを開いて心の傷や過去のトラウマを解き放し、エーテルフィールドを癒しで満たします。ローズクォーツは、この石ならではの優しい波動が内在する愛を活性化し、心と体に潤いをもたらします。

2 モルダバイト（隕石）……宇宙への架け橋

モルダバイトは宇宙に起源を持つ美しい深緑の隕石です。「時空を超える石」として、クラウンチャクラの多次元的な知恵とハートチャクラの知恵をひとつにつなげ、人生を強力にサポートするとも言われています。そのモルダバイトを混合したボウルです。豊かな音色が地球と宇宙の間に架け橋を創造し、私たちを宇宙の旅へといざない、高次元の周波数レベルでそれぞれのチャクラを強力に活性化します。混合しているモルダバイトは、東ヨーロッパのモルダヴィア産です。

3 アメジスト（紫水晶）……今がアセンション

紫色のアメジストは、どこでも天恵に満ちた空間に変える力を持つ石です。ストレスで疲れた心を癒し、安らぎを与え、直感力を高めます。そのアメジストを混合したボウルの音色が、クラウンチャクラの拡大を助け、霊性を高めます。さらにワンネス（すべて一つであるところ）を介して意識を拡大します。アメリカのスピリチュアル部門における賞を受賞したボウルには、新たに音の工夫が施されています。心とマインドにバランスを与える完璧なパートナーです。

4 ルビー（紅玉）……聖なる結びつき

神秘的で高貴なルビーは愛情に満ちた守護の道具です。そのルビーを混合したボウルの音色が、ルビーならではの鮮やかな赤い光線を放ちながらハートを開き癒します。さらに霊性を促し、変容をもたらします。ルビーはダイヤモンドの次に硬度が高い石。そのルビー独自の周波数がアクティブなパワーをもたらし、根源的な生命力や人間関係を促進します。愛情や聖なる関係を守り育てる道具としてもおすすめです。

5 シトリン（黄水晶）……個人のパワー

「商人の石」とも言われるシトリンは、古くから繁栄や富をもたらす石として大切にされてきました。このシトリンを混合したボウルです。ボウルの温かな波動が潜在能力や独創力を引き出し、新たなスタートを誘発します。さらにシトリンがもたらす喜びの黄色い周波数が第一チャクラと第三チャクラを調整し、オーラフィールドを浄化します。否定的なエネルギーを拡散し、やる気や変容をもたらします。

6 ダイヤモンド（金剛石）……永遠の絆

ダイヤモンドは地球上で最も硬く簡単に砕けないことから、永遠の絆を守り、勝利に導く石と信じられてきました。そのダイヤモンドを混合したボウルのエネルギーが、勇気を必要とする状況や場面でパワーを発揮し、魂の呼びかけに応える手助けをします。また七つのチャクラや頭上のチャクラを浄化しバランスを整え、正しい位置に整えます。ダイヤモンドの波動が、今まで気づかなった素晴らしい側面を引き出します。

7 エメラルド（緑柱石《りょくちゅうせき》）……無条件の愛

エメラルドは、富や豊かさ、勇気を象徴する石です。「無条件の愛」は、エメラルドならではの合い言葉。そのエメラルドを混合したボウルの波動が、ハイ・ハート（胸腺）にやさしく働きかけます。個人の愛から聖なる愛へ。そしてすべての存在に対する無条件の愛へと移行していくのを強力にサポートします。意識に飛躍的な変化をもたらし、自分自身の思わぬ存在意義に気づかされることも少なくありません。

8 アクア24Kゴールド（金）……男性性を超越する

パワフルなアクア24Ｋゴールドのボウルは、分析的になりがちな思考にバランスを与え、不調和をもたらす障害を取り除きます。さらにサイキックセンターを活性化し、上部のチャクラを浄化します。ボウルが持つ陽のエネルギーと色が憂鬱な気分を取り除き、精神の高揚を促します。ゴールドは癒しのマスターです。溶かされた水晶とゴールドそれぞれのエネルギーが混じり合い、より効果的な癒しの波動をもたらします。

9 プラチナ（白金）……聖なる女性性

プラチナは地球に女性性を迎え入れる鍵とも言える石です。パステル調のエレガントな虹色の輝きが、プラチナボウルならではの特質。ボウルの音色が聖なる女性性を引き出し、ストレスや憂鬱を取り除き、感性をリセットします。さらにアストラル体と肉体のフィールドを優しく統合し、調和とバランスをもたらします。またボウルの波動が穏やかで安定したグラウンディングを促します。聖なる集まりの場にもふさわしいボウルです。

10 マザーオブプラチナ（白金）……聖なる母

愛の女神ヴィーナスのエネルギーを持つ美しい真珠層のボウルです。真珠の色合いが、常にボウルと共に存在するスピリットの豊かさを象徴しています。水晶との混合により生まれた微細な泡が透き通った表面を創り出し、エレガントな慈しみある柔らかな波動をもたらします。感情的な問題に直面した時、あるいは気持ちが不安定な時、このボウルの音色に身を委ねてください。成熟した聖なる母であるガイアのエネルギーが、心安らぐ癒しへと導きます。

11 オーシャン24Kゴールド（金）……イルカのエッセンス

陽気に遊ぶイルカの群れのエネルギーと海神ネプチューンの真珠のような波形を合体したボウルです。愛のこもったコミュニケーションを促進します。また免疫を高め、ワンネスの意識を活性化します。ゴールドの陽のエネルギーと水のエッセンスが溶け合って愛と調和を創造し、目覚めや癒しのパワーを促進します。イルカたちの話好きで人なつっこい陽気な周波数もこのボウルの特徴です。人生を明るく導きます。

12 エジプシャンブルー（パナジウム）……ハトホル神

エジプト王朝一三代期の水晶で創られた鮮やかな彩色の陶器のボウル。そのボウルにインスピレーションを受けて製造したボウルです。古代の知恵と現在の水晶の加工技術が融合した独自の仕上がりが特徴で、格調高い色合いはパナジウムと水晶との混合によるものです。強化された水晶構造がハトホル神のエネルギーを降ろします。音を深く受け入れながらピラミッドをイメージしてください。ボウルがワンネスの意識へと導きます。

13 グランドマザー（鉄とコバルト）……古代からの英知

グランドマザーは聖なる女性性の知恵を象徴するボウルです。女神や老婆たちの女性的なエネルギーに敬意を表します。地球のエネルギーを持つ老婆は、シャーマンや白鳥が持つ優雅なパワーや魔法とつながっています。それら女性の時間を超えた英知、そして創造／誕生を司るＤＮＡを受取ってください。あなたを時間の束縛から解放し、聖なる知恵の拡大へと導きます。女神や老婆たちが、偉大なる母としての道を歩ませてくれるでしょう。

14 グランドファザー（鉄とチタン）……古代からの賢者

荘厳な雷と地上のエネルギーを持つこのボウルは、知恵ある家父長のエネルギーを放ちます。ボウルの波動は、古代の恩恵と知恵につながっています。その受け継がれた恩恵と知恵を通して、確かなグラウンディングを促します。さらに融合した水晶と鉄のエネルギーが伝統的な価値観を見極める直感力を与え、充実した社交性をもたらします。グランドファザーならではの古代からの心強い贈り物です。

15 インディゴ（パナジウム）……インディゴマスタリー

豊かな癒しをもたらすインディゴのボウルは、下垂体と骨の組織にリンクし、頭をクリアにします。そして過去のトラウマから解放します。内在するマスターとつながることによりサイキック能力が高まり、真実がより明確になっていきます。インディゴボウルにはスピリチュアルな師たちに必須の第三の目の波動が備わっているため、地球のエネルギーとの同調を強力にサポートしてくれます。インディゴの子供や大人たちにもおすすめのボウルです。

16 ラフィングブッダ（鉄とコバルト）……喜びと笑い

クリームがかった第二チャクラの色を持つこのボウルは、笑いと遊びに満ちた子供の世界へと私たちをいざないます。リラックスして自己を解放してください。創造的なアイディアと共に、豊かさや平和を与えてくれるでしょう。体は笑うのが大好きです。笑いが脳内を活性化し、脳内麻薬であるエンドルフィンや消化酵素のペプシンを発生させ、より高い波動へと導きます。慈愛に満ちたこのボウルには、東洋の教えも込められています。

17 スモーキークォーツ（鉄とチタン）……地球とのつながり

プラス思考と霊性を高め、グラウンディングやバランスを促します。さらにベースである第一チャクラや第二チャクラの仙骨、第三チャクラの太陽神経叢《そう》に働きかけて創造性を高め、グラウンディングをサポートします。また穏やかなスモーキークォーツのエネルギーは協調性や喜びをもたらします。「ホピの予言」では、クリスタルピープルが地上に降りてくると伝えられてきました。彼らが必要とする茶色い地球の音色そのものを持つボウルです。

18 アンドラジャナス・インジウム……両性的な自己の受容

自然界から採取したインジウムを含む紫がかった青色のボウルです。インジウムは体のビタミンやミネラルの吸収を助け、栄養のバランスを調整します。そのインジウムを混合したボウルが、センタリングと浄化を促し、自己の女性性と男性性の統合を助けます。また内的な生命に薄紫の光をあててトラウマを取り除き許しへと導きます。文化に縛られた信念をも超越した悟りの周波数の中で、存分に命そのものを堪能してください。

19 オーシャン・インジウム……長寿

より高くよりソフトな周波数を持つこの深紅色のボウルは、アンチエイジングに最適です。インジウムの量は微細ですが、長寿を促し、ミネラルの吸収を助けます。さらにボウルがもたらす正弦波が、内在するスピリットを拡大し、第三の目を活性化し、気の流れを促し、男性性と女性性のバランスを整えます。ボウルのパワーが健康的な食事と適度な運動を促進し、ライフスタイルそのものをより豊かなものにします。

20 ホワイトゴールドアルケミー（白色金）……ホワイトゴールドの錬金術

純粋なエーテル性ゴールドの繊細な高周波が、ボウルを踊りながら通り抜けます。波動には、妖精のエネルギーやインナーチャイルドの喜び、さらには創造力や変容のエネルギーも含まれています。マスターヒーラーと言われるゴールドのエネルギーが第三チャクラの太陽神経叢に力強く働きかけて、自己の運命や目的を発見させてくれるだけでなく、その達成をもサポートします。優しいシフォンのような色合いもこのボウルの魅力です。

21 カイヤナイト（藍晶石《らんしょうせき》）……明晰な思考力

カイヤナイトは感受性や霊性に働きかけて、信念や独立心、探求心を高めてくれます。さらにあいまいな物事をクリアにする手助けをします。学者や研究者にはおすすめの石です。このカイヤナイトを混合したボウルは、いわば高周波を備えた強力な伝達器のようなもの。不調和な側面に光と情報のエネルギーの架け橋を創造し、調和のとれた人間関係や豊かなコミュニケーションをもたらします。

22 チャコール（炭）……聖なる清め

最も質の高い備長炭を混合したボウルです。炭ならではの特質は、デトックス（解毒）と浄化です。さらにグラウンディングには最適な素材で、意識の継続を強力にサポートします。炭のボウルの音色が聖なる空間を創造し、確かな浄化をもたらします。炭ならではの力強い音色が、あなたを精神的に強力にサポートします。深い洞察を必要とするスピリチュアル関連の仕事には、うってつけの環境を提供してくれるボウルです。

23 サンストーン（日長石《にっちょうせき》）……寛大な指導者

サンストーンはマインドのバランスを調整し、活力や勇気、寛大な視野を育てます。さらに虹色の光沢を放つボウルの音色が仲介となって、男性性と女性性のエネルギーを優しく統合します。またエゴの解放を促し、聖なる母の滋養をもたらします。自己修養力、謙虚さ、自立、知恵。それら指導者になる術を備えたサンストーンのボウルが、他者にもポジティブな影響を与えてくれるでしょう。

24 レピドライト（鱗雲母《りんうんも》）……鬱《うつ》の解放

レピドライトは相手を裁く気持ちを手放し、許す気持ちを育てるボウルです。さらにカリウム、リチューム、ケイ酸アルミニウムなどの成分が相乗効果を発揮し、ストレスや恐怖を解放するだけでなく、深遠な癒しや静けさ、第三の目の浄化と明確化、受容、グループの中の整合（アラインメント）をもたらします。またクラウンチャクラに落ちつきを与え、睡眠不足を解消します。鬱の解放にもおすすめのボウルです。

25 インペリアルトパーズ（黄玉）……聖なる意志

インペリアルトパーズは、具現化された黄金の光線であり聖なる意志です。感情体を強力に浄化するだけでなく、生命力を整合し活性化することによって純粋な意図を具現化します。明確なチャネリングや夢の明晰な分析にはおすすめのボウルです。さらにボウルの音色が意識のシフトを加速し、古い周波数を除去します。限界を超えて意識の次のレベルへと進んでください。同じようなフィールドを持つ人々を引き寄せるエネルギーをもたらします。

26 モルガナイト（緑柱石《りょくちゅうせき》）……スピリットとの融合

聖なる愛に共振するモルガナイトは、高次元への目覚めや天恵《グレース》を育てる精妙で透明な周波数を持っています。そのボウルが奏でる倍音がワンネスの意識を促進し、愛の周波数を体内にもたらします。後悔を手放し、自分を許してください。古い重荷や悲劇は溶けてなくなります。スピリットとの融合を尊重し、天使のハートを受け入れてください。もう役立たなくなってしまった人間関係のパターンをも浄化してくれるでしょう。

27 ロードクロサイト（菱《りょう》マンガン鉱）……古い感情の解放

ロードクロサイト（インカローズ）は感情体に癒しと浄化をもたらします。ボウルの音色が私たちのインナーチャイルドに働きかけて遊び心を促し、重荷になっていた余分な過去の感情を浄化し、忘れていた才能を呼び戻します。さらにオーラが浄化されるにつれて不安も軽減されていきます。また優しい愛を育て、潜在意識との融合をサポートします。肉体レベルでは視力や膵臓、脾臓や腎臓の機能を改善すると言われています。

28 カーネリアン（紅玉髄《べにぎょくずい》）……真理の意識

カーネリアンは、第一、第二、第三チャクラを活性化し、生命力や性力、創造的なエネルギーをもたらします。さらに人間関係やライフワークをも豊かにします。まずは喜びの気持ちを持って他者に奉仕しましょう。カーネリアンのエネルギーが競争心を解放し、愛する者と愛される者両者にパワーを与え、聖なる意識を促します。より高い周波数にアクセスすることにより、人間のもろさは力であるという真理の意識を育ててください。

29 アゼツライト（石英水晶）……根源のエネルギーと知恵

アゼツライトは、「I AM（大いなる存在）」のエネルギーにつながる神聖な連結器です。ボウルの音色が、私たちの細胞のエネルギーを活性化し、意識を広げて光を運びます。銀河の中心にある石のひとつとも言われるアゼツライトは、目覚めの時代にふさわしい特徴と周波数を持っています。高次元への架け橋を活性化しているとも言われ、アセンションに向けての能力を育てます。置いておくだけでも宇宙との一体感を実感させてくれるパワフルなボウルです。

30 レッドロック……セドナへの鍵

レッドロックは、セドナの意識の扉を開く鍵とも言えるボウルです。ボウルにはセドナのエアポートロック、ベルロック、カテドラルロックの三箇所のボルテックスの砂岩が混合されていて、ネイティブアメリカンのアセンションの波長に共鳴しています。それらパワーを備えたボウルの音色が、私たちの先祖につながる変容の扉を開いてくれるでしょう。ボウルのエネルギーと融合することによって、「I AM」の存在そのものに触れてください。

*アルケミー・クリスタルボウルには、その他にも二種類以上の素材を加えたアルケミー・ミックスやジェムストーンにプラチナ、24Kゴールド、インジウム、鉄などを独自に配合したアドバンス・アルケミーなどがあります。また聖なる幾何学に基づいて製造されたバイボウルやサテライトボウルといった独特な形のボウルもあります。いずれもそれぞれにメリットがあり、これもそれぞれの好みによります。

サイ・マーボウル……聖なる女性性の目覚め

聖人サイ・マーによりデザインされたミックスのアルケミー・クリスタルボウルです。水晶にホワイトゴールド、ルビー、ダイヤモンド、カイヤナイト、プラチナ、シルバーを混合しました。それらがもたらす波動や音のハーモニーが、聖なる意識の目覚めを促し、自分自身の天恵《グレース》を見いだす手助けをします。ボウルの最大のテーマは聖なる女性性。慈愛に満ちたオールマイティーなパワーを発揮してくれるボウルです。

カラーセラピー・クリスタルボウル……癒しの虹

自然界のミネラルと水晶と光をひとつにしたボウルです。色の周波数が水晶に取り込まれ、虹色のヒーリング光線を通して空になったエネルギーフィールドに注ぎ込まれます。注ぎ込まれたエネルギーがフィールドを満たし活性化します。さらにボウルの多彩な色が洞察力を増幅します。それぞれの要素が混じり合った癒しの相乗効果がこのボウルの特徴です。カラーは全七色。伝統的なカラーセラピーセットに加え、好きな色やキーを組み合わせたセットもおすすめです。

金属混合のセラピューティック・クリスタルボウル

1 ソリッドゴールド……自分の聖性への気づき

黄昏時の優しさで、すべてを包み込むような音色を奏でるボウルです。幾重にも広がる倍音と心に響くチャイム音が、豊かで充実した人生をもたらします。光輝く金塊のような色彩が豊かさを引き寄せ、金銭に苦労しない生活を呼び込みます。さらにマスターヒーラーであるゴールドが、ハートセンターのバランスを整え、第三の目とクラウンチャクラを開きます。このボウルは平和の鐘。その波動が桃源郷へと導きます。

2 チベット・クォーツ……先祖からの覚醒力

観音様への祈りのエネルギーが込められたチベットの骨董品のボウルに水晶の周波数を組み合わせたボウルです。チベットボウルの銅が、ルートチャクラとクラウンチャクラを開いて浄化し、想念や意図を拡大し伝達します。さらに古代と水瓶座の時代の癒しのパワーが混在したボウルの音色がヒーラーのエネルギーパワーを最大限に引き出し、より充実した癒し効果をもたらします。いわば超越するための道具とも言えるでしょう。

3 ソリッドシルバー……聖なる地

ボウルが、水瓶座の洗練されたエレガンスを象徴する音の女神を呼び込みます。純銀ならではの風格と感触を持つこのボウルは、陰の癒しとワンネスとの力強いつながりを備えています。そのためどんな場所をも聖なる空間にしてしまいます。バリの趣きを持つボウルの波動が、感情体や肉体のバランスを整え浄化し、直感力を強化します。シルバーはアストラル体や肉体をつなげるエネルギー。水晶やミネラルとの相性も抜群です。

ソリッドクラシック・クリスタルボウル

ソリッドゴールド・クラシック……聖なる豊饒《ほうじょう》

柔らかい光を放つエレガントなクラシックボウルに24Kゴールドを注入したボウルで、王家のエネルギーや魂を拡大するエネルギーを持っています。その内側に反射して現れる像は、ゴールドならではの「幻想の癒しのマスター」。言わば意識への視覚的な扉で、どのような状況においても黄金の音の寺院を創造します。このボウルならではの多彩な周波数が、分子レベルで体を活性化し、人生を豊かに彩ります。

その他のクリスタルボウル

1 セラピューティック・クリア……透明度の特別高いボウル

クリアボウルシリーズの構造には、高周波で共振する浄化のエネルギーが備わっています。その抜群の透明さに加えて、天使の鐘を彷彿させるような楽しい倍音が、医師をはじめヒーラーやミュージシャンたちにも人気です。クリアボウルの正弦波がオーラフィールドに鋭く浸透し、体や心の問題点を素早く捉えて直接的に癒します。手のひらにのせて音を出してください。自己治癒にもおすすめのボウルです。

2 ウルトラライト・フロステッド……より優しい癒しを

優しい癒し系の波動を持つボウルです。純粋な音色が最大の治癒作用を引き出します。天使のようなソフトなチャイム音がオーラを優しくマッサージしながら回復を促し、効果的な癒しをもたらします。ボウル独自の構造が、より深く豊かな音を創造します。固定用のクラシックのフロステッドボウルより軽いため、持ち運びにも便利です。

あとがき

本書の校正に入った六月末から一〇日間ほどイタリアに行くことになり、そのうちの一週間は聖フランチェスコゆかりのアシジに滞在することになりました。旅立つ前にアシジの写真集を購入していましたので、古代から引きつがれてきた石畳が敷き詰められた古く美しい町並みであることは知っていました。一〇月頃の雨の多い時期に撮られた写真集でしたので、実際の美しい真っ青でぬけるような空は想像していませんでした。

六月末の聖キアラと聖フランチェスコの修道院の前は、ラベンダーや薔薇が咲き誇り、甘い香りの風が吹くのどかな風景でした。フランチェスコが若い頃に走りまわっていたという広場の店の前や家の前には、ジャスミンの可憐な白い花も咲き誇っていました。

フランチェスコと修道士たちが瞑想をしていた山は、なんとも言えない木々の甘い香りがして、こころ休まる静けさがありました。美しいものは人の波動を高めてくれます。聖地の清らかで甘い香りは、高次元の世界へと自然に誘ってくれるようでした。天はこころの中にこのように開かれるのかと思いました。すべての所有物を捨てて神にすべてを捧げた僧侶たちですが、そこには絶えず素晴らしい自然があったのですね。修道士たちは厳しい冬のあとで、美しい森の木々や野原に咲く花々によって癒されたのでしょう。

アシジには何百年も前に石を積み上げて建てられた教会が町のあちらこちらに点在していました。素朴で小さなステファノ教会やローマ帝国時代に建てられたミネルヴァ神殿は、古代ギリシャの建築様式の柱の外壁を残し、その内側に教会が建てられていました。そこにはルルドから運ばれてきた美しいマリア像がきらびやかな祭壇にまつられていました。

わずかな時間でのイタリアの旅でしたが、日々、美しいものをたくさん見ることができました。到着地フィレンツェのウッフィツィ美術館には大好きなボティチェリの絵画、さまざまな教会や建築物、かわいいお菓子の老舗からファッション界をリードする有名ブランド店などなど。


私の家は小さなものですが、公園の隣に建っているので窓の外を見るだけで四季折々の自然が楽しめます。人が人らしく生きるには、頭上の屋根も必要ですが自然も必要不可欠です。

最近、占星術について勉強しています。占星術で見ると、本来、私は家を美しく飾りつけ、居心地よくするのが大好きな星座だそうです。でも、高価な装飾品はありません。唯一の贅沢はクリスタルボウルです。これは自分のものが一〇数個あります。ボウルたちは並べるだけで美しく、まるで芸術品のようです。イタリアで見たステンドグラスの窓のような色のものもいくつかあります。瞑想しているときも目をそっと開けて眺めます。

自然であれ、人間の作ったものであれ、本当に美しいと感じるものを見ると魂が喜び、渇いたこころが満たされていくのが感じられます。美しい音を聞くときも、やはり魂もこころも満たされ、忘れてしまった魂の輝きが戻ってくるように感じます。

アシジでは丘の上に建つ修道院のようなところに宿泊しました。窓を開けるとアシジの町並みが見下ろせ、素晴らしい田園風景が目の前に広がりました。そして鳥のさえずり、教会の鐘の音が聞こえてきました。

風景に音が加わると独自の世界が広がります。フィレンツェに着いた翌日はひとりでしたので、ダ・ヴィンチの生家があるヴィンチ村に行ってみました。三〇分ほど電車に乗りエンポリ駅で降りたのですが、切符を買うのが間にあわず、その結果、無賃乗車をしてしまったのです。目的地の駅でお金を払おうとすると駅員さんが、〈かまわない、かまわない〉と身振り手振りで通してくれたのでした。

駅を出てバスを探しましたが、イタリア語がわからず困りました。やっと"VINCI"と表示されたバスが到着。行きのバスの運転手さんは、ロック調の音楽をガンガンかけながら、のどかなイタリアの田園風景の中を走っていきました。帰りの運転手さんは、厳かな宗教音楽をかけて走っていましたが、どちらも素敵でした。

出発前、我が家に新しいボウルのセットが来ました。ひとつは、直径一八インチ（約四六センチ）、クォーツクリスタル一〇〇パーセントでできています。ウィリアムたちが二〇個ほどしか作らなかった特別なシリーズです。透明なクリスタルで、ハトホル神が両腕をあげて私たちを祝福している絵柄のエッチンングが施されています。ネットでその絵柄を見て、ぜひいただきたいと申し出ました。それは小売価格で一〇〇万円もする高価なものでした。身体全身、そしてこころをゆさぶるトーンが出ます。振動が床を伝わって身体を上がってきます。光に打たれたようになります。それに加えてエネルギーのシャワーをもたらす一二インチ（約三〇センチ）のサイ・マーボウル、こころを貫く一〇インチ（約二五センチ）のロードクロサイトを三ボウルセットにすると、ド・ソ・ド（ＣＧＣ）の第五ハーモニクスが構成され高次元の意識の扉が開き、光のシャワーどころか光の嵐が降り注ぎます。

それに、以前からのお気に入りの四つをセットにして、三プラス四のボウルを弾くとボウル練習会の八人全員が完全にできあがってしまいました。まるで宇宙船が降りてきて、みんなで搭乗し次元を超えて宇宙に飛び立ってしまうという感じです。

話が広がりすぎたのでまとめると、イタリアの田舎をダ・ヴィンチの家に向かって走るのも良し、家でスーパーボウルセットを弾くのも良しなのです。地上における天国です。魂の渇きが満たされていく至福の瞬間なのです。

ボウルの使い方はいろいろあります。ポールとウィリアムは毎年、国連の会議が始まる前に、国連の建物の中をボウルで清めて歩きます。彼らは天からのインスピレーションを受けてボウルを作り、それを使命としています。マーケティングはあまりうまいきませんが、作るのはうまい二人です。お金が入れば次のボウルに投資してという具合に、次々にボウルを誕生させています。彼らは温泉に入っているときが一番インスピレーションを受けるそうです。日本の温泉のことを聞いてきて、絶対に日本中の温泉をまわるのだと言っています。

バスに日本のワークショップの参加者たちを乗せて、日本のあちらこちらの温泉をまわり、コンサートなどしながら土地の浄化をするのが夢だそうです。その時、ジョナサン・ゴールドマンやドン・キャンベル、スティーブ・アルパートなど、その他のアーチストにも声をかけたいそうです。

ごく普通に楽器として弾けるクリスタルボウルです。でも、不思議な話があるのも事実です。

ニュージーランド人のロルファーが家でセッションをしてくれたことがありました。家の中に自然霊が飛びまわっているとのこと、そしてボウルには何かガーディアンみたいなものが憑《つ》いているということを、部屋に置かれているボウルたちに視線を送りながらセッション中にそっと教えてくれました。

妹の礼子が以前、みんなが寝静まった頃に、光の点がボウルからボウルに飛んだりするのを見た話や、ボウルの精霊たちの話をしてくれたことがあります。ボウルの場合、クリスタルのデヴァがいて、その他にそれぞれのボウルの担当の精霊たちがいるのかもしれません。サイキックには物事を透視できる人、聞こえる人、感じる人がいるそうです。私たちは、見えたり、聞こえたりしませんが、感じる能力は、度合いに差があっても全員に備わっています。日本人は世界中で一番アルケミーボウルを理解して受け入れてくれているとウィリアムとポールは言っていました。

私自身、ボウルに対して気持ちがぴったり合い、〈これだっ！〉と思えたのはアシジに行く直前のボウルの練習会でした。先ほどご紹介した七つセットが揃い、皆で弾いた時の感覚は本当に本物で（笑）、これでグループを形成してヒーリングのコンサート活動を始められるとも思いました。

ただ、ひとりで一八インチのボウルを運ぶのは重いので、肉体をかなり鍛えている女性をひとり、グループに加えないといけないかと思いました。

この「あとがき」を書きはじめた日に、ポールからウィリアムと二人で日本に来る予定を組んだというメールが来ました。彼らにとって初めての来日です。

実は本書に関してウィリアムとポールは、クリスタルボウルを守る気持ちが強く、とても神経質でした。このような情報を外に出すことにとても抵抗がある二人です。今回は、クリスタルトーンズ社で長年働いてた妹の礼子を家族のように思ってくれているのでインタビューが可能になりました。そして、ウィリアムたちは、古くからクリスタルトーンズ社と付き合いのある先輩たち、「くりすたり庵」の牧野持侑《まきのじゅん》さんや、「アクアクリスタル」の鉅鹿由槻子《おおがゆきこ》さんたちにもインタビューをと声をかけてくれました。

ウィリアムたちのインタビューは、コロラド州ヴェイルのリトリートで行われ、不思議なエジプシャンの二匹の猫とともに、コロラド州ボルダーのテンプルに向うトレーラーの中でも続きました。ウィリアムが三時間も温泉から出てこなくて、ずっと待たされたこともありました。ウィリアムはスポーツカーで来ていたので、そちらに乗せてもらうこともあり、二人になると、またいろいろと気軽に話してくれて、それをテープにおさめることもできました。

その後、ボルダーで初めて、何百ものボウルを見て圧倒されました。ボルダーのテンプルでは興奮の絶頂でした。そして、そこで出会ったダイアナと、お互いにどんなボウルを選ぶか競争し合ったことがなつかしいです。特別いいものを私が先に選ぶと、「まあ、憎い人ね」とダイアナが言い、彼女が何かいいのを選ぶと、あっちがよかったかなと悩んだりしました。後で聞いたところ、彼女はバーバラ・ハンド・クロウの義理の姉妹だということ。すごい方に会ってしまいました。

この本は、大学時代の友人中川恵美子さんからのメールをきっかけにスタートしました。一〇数年の間、年賀状のやり取りしかしていなかったのですが、昨年、彼女からの年賀状が遅れ、〈風邪を引いていた〉というメールが来ました。その返事に、〈クリスタルボウを販売しているので、よかったら連絡を！〉と書いたところ、このような結果になったのです。〈クリスタルボウルとはなんだろう？〉と調べた結果、どうやら、アルケミーボウルの本は一冊も日本になかったそうで(アメリカにもありませんが)、本を書きたいとのこと。私もクリスタルボウルの本を書こうと思っていたので、彼女との共著という運びとなりました。
クリスタルボウルの日本での販売を手がけはじめたこともあり、ウィリアムとポールには確かめたいこともたくさんありました。実際にお目にかかることによってそれらを確認したり、ボウルにまつわる面白い話をいくつも聞き出すことができました。英語のインタビュー、そのテープ起こしや翻訳などを通して、ボウルの奥深さをあらためて見直すことになりました。また、クリスタルトーンズ社の社員である礼子の協力があったからこそ本書を完成させることができました。

最後に、日本のみなさんがクリスタルボウルに関心を持ってくださると信じて出版に踏み切ってくださった太陽出版の龍宮良治社長、いろいろなサポートをしてくださった編集の片田雅子さんにはお礼の言葉しかありません。いつもいつもありがとうございます。

二〇一〇年七月　横浜にて、ボウルに囲まれて幸せな

鈴木真佐子

お気に入りの３ボウルセットのうちのサイ・マーとロードクロサイトを自宅のヒーリングルームで弾く著者（鈴木真佐子）。

●ダイアナ（Diana Ladue-Hand）

・ウェブサイト：www. wiseawakening.com

●牧野持侑（ディストリビュータ）

・ウェブサイト：crystalian.com

・ Eメール：web10452@mail.wbs.ne.jp

●磯田秀人

・ウェブサイト：www.pinpoint.ne.jp

●音妃

・ウェブサイト：www.voice-alchemy.com

●鉅鹿由槻子（ディストリビュータ）

・ウェブサイト：yuki.ocnk.net

・Eメール：ohta8@jcom.home.ne.jp

●鈴木真佐子（ディストリビュータ）

・ウェブサイト：www.angelstreehouse.jp

・Eメール：angel@krf.biglobe.ne.jp

取材協力者一覧

●クリスタルトーンズ社（Crystal Tones）

P.C.Box:520956, Salt Lake City, Utah 84152 USA

・アメリカ国内からの電話：800-358-9492

・ウェブサイト：www.crystalsingingbowls.com

●HIU／Humanity In Unity

(サイ・マー・ラクシュミ・デヴィ関連の非営利の慈善団体)

・ウェブサイト：www.humanityinunity.org

●HIUジャパン

・ウェブサイト：www.hiu-japan.com

・Eメール：info@hiu-japan.com

●礼子・デューイ（ディストリビュータ）

・ウェブサイト：www.dolphinwaves.com

・Eメール：namita@crystaltones.com

●ブライアン・シャイダー（Brian Schider）

クリスタル・ニーウォルニー（Crystal Niewolny）

・ウェブサイト：www.angelsofenlightenment.com

●アシャーナ（Ashana）

・ウェブサイト：www.ashanamusic.com

著者紹介

鈴木真佐子（すずき・まさこ）

東京生まれ。小学校から高校までアメリカで育つ。1976年、慶応義塾大学哲学科卒業。オハイオ州政府代表事務所に勤務したのち、ロンドン大学キングス・カレッジで修士号（英文学）を取得、ロンドン・スクール・オブ・エコノミックスで国際関係論のディプロマ取得。現在、フリーランスの翻訳活動やヒーラーとして活躍している。

訳書に『ハートの聖なる空間へ』（ナチュラルスピリット）、『光の輪』『メッセンジャー』『太陽の秘儀』『メッセンジャー 永遠の炎』『癒しの鍵』『精霊《スピリット》』『宇宙への体外離脱』『天恵《グレース》の花びら』（いずれも太陽出版）がある。

中川恵美子（なかがわ・えみこ）

長崎生まれ東京育ち。1977年、慶応義塾大学美学科卒業。出版社勤務を経て1982年独立。フリーランスのライター・コピーライターとして活躍。広告コピー他、新聞や雑誌を中心に、ビジネス・カルチャー、人物インタビューまで、幅広いジャンルで取材・執筆。単行本の企画・構成なども手がける。

クリスタルボウルに魅せられて
心と体を癒すその音色と波動

2010年 8 月20日　第 1 刷

[著者]
鈴木真佐子
中川恵美子

[写真・イラスト]
中川恵美子

[発行者]
籠宮良治
[発行所]
太陽出版
東京都文京区本郷4-1-14　〒113-0033
TEL 03 (3814) 0471　FAX 03 (3814) 2366
http://www.taiyoshuppan.net/
E-mail　info@taiyoshuppan.net

装幀・本文デザイン　日比野知代
[印刷] 壮光舎印刷 [製本] 井上製本
ISBN978-4-88469-678-8

精霊《スピリット》
～共同創造のためのワークブック～

天使、妖精や自然霊《ネイチャースピリット》たちの存在の本質を明らかにするとともに、私たちがどうしたら彼らとともに働き、学ぶことができるのか、そして彼らがなぜ私たちに協力してくれるのかなどを明確に解き明かす。精霊《スピリット》たちと実際に協力して働くことが可能となるように、私たちの理解を深めていき、彼らの実在を体験するために役立ついくつかの実用的なエクササイズを紹介する。この体験によって私たちの日常生活や活動が実際に高められていく。本書は精霊世界に波動を合わせるための画期的ワークブック。

〔主な内容〕

真実か幻想か？／疑いを捨ててみること／再び魔法を取り戻す／波動を合わせ、その効果を知る／最初のつながり／精霊たちとの協力／山の礼拝堂／透明なパートナー／感情や想念のデーヴァ／精霊の感覚と第三の目／癒しの天使とともに働く／つながりの証明

ウィリアム・ブルーム＝著　鈴木真佐子＝訳

A5判／240頁／定価2,310円（本体2,200円＋税5%）